메가트렌드
ESG·DX·AI 연구

메가트렌드
ESG·DX·AI 연구

김영기 이현구 김현희 정기섭 이중환 김상욱 이한규 손종미 진익성 김주성 최병주

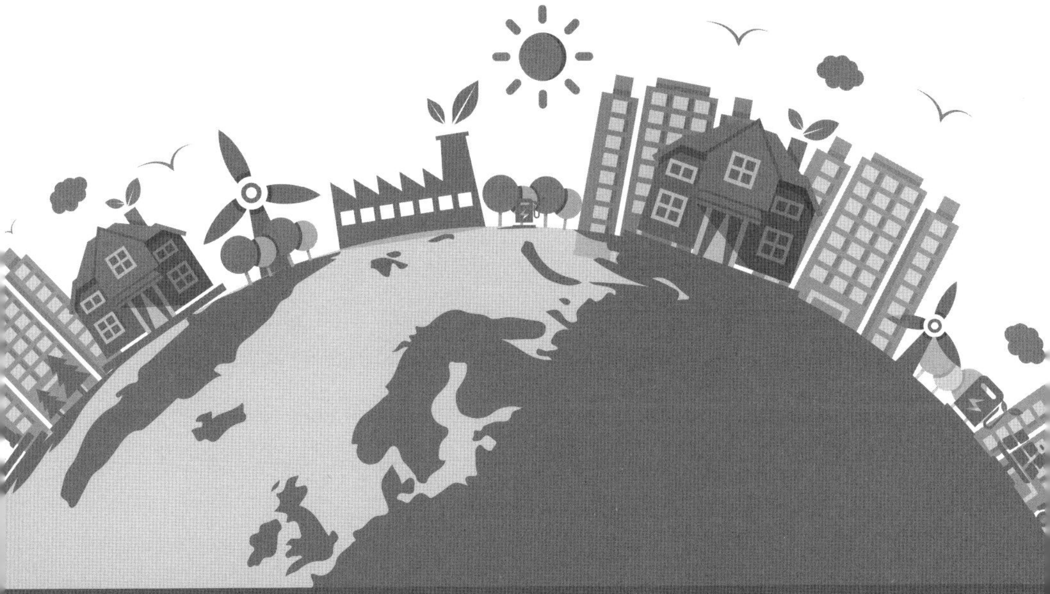

기업 경영의 새로운 패러다임
ESG, DX, AI 융합 시대로 나아가야 할 때!

이제 ESG, DX, AI는 선택이 아닌 필수이자 생존의 문제다

BRAIN PLATFORM

서문

2024년 여름을 보내면서 현장의 전문가들이 바라본 메가트렌드는 ESG, DX, AI이다. 이 분야의 현장 전문가 11명이 모여 ESG, DX, AI의 탄생과 더불어 현재 그리고 미래의 방향성을 제시해 보았다.

1장에서는 미국 캐롤라이나대학교 경영학과 교수로 ESG경영 강의를 하고 있는 김영기 저자가 〈ESG, DX, AI 패러다임과 미래 핵심 기술〉이라는 주제로 새로운 메가트렌드로 포지셔닝한 ESG, DX, AI의 미래 기술 방향성을 제시하였다.

2장에서는 삼성전자 출신 경영학 박사이자 강남대학교 산학협력단 교수인 이현구 저자가 〈AI와 ESG의 융합: 기업경영의 새로운 패러다임〉이라는 주제로 미래 기업경영의 새로운 패러다임인 AI와 ESG의 융합에 대하여 전망하였다.

3장에서는 씨에프씨 ESG&탄소중립 컨설팅 전문기업 CEO인 김현희 저자가 〈디지털 ESG 코리아: 3X 융합 LCA로 탄소중립 글로벌 표준 선점〉이라는 주제로 디지털 ESG를 제안하였다.

4장에서는 한국창업학회 이사이자 LG 부장인 정기섭 저자가 〈성공적인 DX를 위한 선결조건, 디지털 리더십〉이라는 주제로 디지털 시대 리더십을 제시하였다.

5장에서는 뇌교육학 박사이자, DX컨설턴트, 브레인창업인성계발원 대표전문위원인 이중환 저자가 〈기업 디지털 전환(DX) 성공 요인과 창업자적 인품에 대한 탐색〉이라는 주제로 DX 성공을 위한 창업자의 인품을 강조하였다.

6장에서는 한국과학기술지주(주) 부장, 솔브레인홀딩스(주) 연구소장/신사업전략팀장을 역임한 기술경영학 박사 김상욱 저자가 〈ESG, DX, AI 기반 디지털 헬스케어 전망〉이라는 주제로 미래 기술 기반의 디지털 헬스케어 시장을 전망하였다.

7장에서는 우석대학교 LINC3.0사업단/전기자동차공학부 교수인 이한규 저자가 〈테라파워 나비효과: 생성형 AI 시대의 글로벌 전기전쟁(E-War)〉이라는 주제로 새로운 트렌드를 제시하였다.

8장에서는 부부 가족 심리상담센터 원장인 상담학 박사 손종미 저자가 〈AI와 심리상담〉이라는 주제로 심리상담 분야에 AI 기술을 접목한 새로운 심리상담 방향을 제시하였다.

9장에서는 삼성전자 출신 경영학 박사이자 남서울대학교 산학협력단 교수인 진익성 저자가 〈구글과 생성형 AI - Gemini〉라는 주제로 생성형 AI인 구글의 Gemini에 대하여 기술하였다.

10장에서는 미국 캐롤라인대학교 박사과정에서 연구 중인 구리남양주 평생교육원 원장인 김주성 저자가 〈마케팅 관점에서 바라보는 ESG, DX, AI〉라는 주제로 메가트렌드에 대한 마케팅 방법론을 제시하였다.

11장에서는 충북대학교 건축공학과 겸임교수를 역임한 건축공학 박사인 최병주 저자가 〈건설 산업의 AI 적용 실태 및 미래 기술 발전 방안〉이라는 주제로 건설 산업의 AI 적용과 미래 발전 방향성을 제시하였다.

2024년은 ESG와 DX, AI 융합 시대에 우리가 어떻게 준비하고 대처해야 하는지에 대한 진지한 고민과 실행이 필요한 시기이다.

ESG, DX, AI는 이제 선택이 아닌 필수이며 생존의 문제이기 때문에 이 문제에 적극적으로 대처해 나가기 위해 11명의 실무전문가가 모여 2024년도 여름, 열정적으로 연구했다. 앞으로 ESG, DX, AI 연구가 새로운 연구자들에 의해 계속해서 발전해 나가기를 기대한다.

2024.08.08.

대표 저자 김영기 외 10명 dream

목차

서문 004

1장 김영기

ESG, DX, AI 패러다임과 미래 핵심 기술

1. 4차 산업혁명 시대와 AI, DX 014
2. ESG의 유래와 진화 017
3. DX(디지털 전환) 020
4. AI 기술의 급속한 발전과 미래 핵심 기술 029

2장 이현구

AI와 ESG의 융합: 기업경영의 새로운 패러다임

1. 들어가며 042
2. AI와 ESG 융합의 중요성 044
3. AI와 ESG 경영의 시너지 046
4. AI를 활용한 환경(E) 분야 혁신 049
5. AI를 활용한 사회(S) 분야 혁신 053
6. AI를 활용한 지배구조(G) 분야 혁신 054
7. ESG 데이터 관리와 표준화 055
8. AI로 인한 지속가능성 위험과 대응 방안 059
9. AI와 ESG 융합: 기업경영의 새로운 지평 062

3장 김현희

디지털 ESG 코리아: 3X 융합 LCA로 탄소중립 글로벌 표준 선점

1. 디지털 전환, ESG 경영 및 탄소중립 실현의 핵심 068
2. AI와 디지털 기술, 탄소중립 실현의 주역 072
3. 디지털 ESG 프레임워크, 지속가능경영을 위한 도구 076
4. 디지털 LCA, 환경 규제 대응 및 지속가능경영의 핵심 080
5. 대한민국의 디지털 ESG & 탄소중립 플랫폼 구축과 글로벌 표준화 전략 084
6. 지속가능한 미래를 위한 로드맵과 혁신 전략 089

4장 정기섭

성공적인 DX를 위한 선결 조건, 디지털 리더십

1. 디지털 전환에서의 리더십은 왜 필요한가? 098
2. 리더십의 변천 104
3. 디지털 리더십 108
4. 글로벌 기업 CEO의 디지털 리더십 사례 112
5. 국내 기업 CEO의 디지털 리더십 사례 116
6. 성공적인 DX를 위한
   디지털 리더십 함양 방법 119

5장 이중환

기업 디지털 전환(DX) 성공 요인과 창업자적 인품에 대한 탐색

1. 기업의 DX 전략 성공 요인 130
2. 디지털 전환 인재의 창업자적 인품의 중요성 133
3. DX를 위한 성공 전략 139

6장 김상욱

ESG, DX, AI 기반 디지털 헬스케어 전망

1. ESG, DX, AI 기반 디지털 헬스케어 전망 156
2. ESG와 헬스케어 158
3. DX와 헬스케어 혁신 162
4. AI와 의료 혁신 167
5. 헬스케어 데이터의 윤리적 사용 171
6. 헬스케어 격차 해소를 위한 AI 활용 175

7장 이한규

테라파워 나비효과: 생성형 AI 시대의 글로벌 전기전쟁(E-War)

1. 도입　184
2. 생성형 AI의 전력 소비 전망　185
3. 소형 원자로의 등장　187
4. 제11차 전력수급계획과 생성형 AI　190
5. 소형 원자로의 안전성 검증　192
6. 신재생에너지와 소형 원자로의 공존　195
7. 대형 원자로를 대체하는 소형 원자로　197
8. 전망　200

8장 손종미

AI와 심리상담

1. AI와 심리상담　208
2. 심리상담을 필요로 하는 사람들의 특징　218
3. 심리상담의 특징　219
4. AI를 활용한 심리상담 비전　221
5. ESG, DX, AI와 심리상담의 미래　225

9장 진익성

구글과 생성형 AI - Gemini

1. 들어가며　230
2. Google Vision　231
3. Google Biz　234
4. Google AI　239
5. 생성형 AI　246
6. 나가며　252

10장 김주성

마케팅 관점에서 바라보는 ESG, DX, AI

1. 마케팅의 변화와 혁신 262
2. AI와 마케팅 268
3. DX(디지털 전환, 디지털 경험) 271
4. ESG의 도입과 필요성 273
5. AI, DX, ESG의 통합 마케팅 전략 275
6. AI, DX, ESG가 주도하는 미래 마케팅 277

11장 최병주

건설 산업의 AI 적용 실태 및 미래 기술 발전 방안

1. 들어가며 282
2. 건설 산업과 인공지능(AI) 산업의 개념 284
3. 건설 산업 인공지능(AI) 기술 288
4. 건설 산업에 적용되고 있는 인공지능(AI) 기술 사례 298
5. 건설 AI 로봇 활용의 한계점 및 미래 발전 방향 322
6. 결론 325

1장

김영기

ESG, DX, AI 패러다임과 미래 핵심 기술

1. 4차 산업혁명 시대와 AI, DX

4차 산업혁명 시대 인공지능과 함께 인간지능이 교감하고 융합하는 새로운 패러다임을 예고하고 있다.

최근의 가장 큰 트렌드인 4차 산업혁명 시대의 최대 이슈는 '인공지능(AI)'으로 향후 10년, 20년의 미래는 우리가 상상하는 것보다 훨씬 더 발전할 것으로 예측되고 있다. 이렇게 급격한 변화가 이루어지는 시대에는 경쟁에서 1등을 차지하기 위해 성적과 실적에 집착하는 것보다는 책과 경험, 상상력과 창의성을 키우는 삶이 되어야 살아남을 수 있을 것이다.

켄 로빈슨은 TED 강연에서 다음과 같이 말했다.

"똑같은 프레임 안에서 똑같은 내용으로 교육받아 경쟁하는 삶은 앞으로 전혀 승산이 없다. 기존의 프레임을 벗어나 자신의 잠재력을 발견하고 열정적으로 꿈을 좇아야 한다. 그래야 자기만의 창조성을 발휘하여 경쟁력을 갖추게 되는 것이다. 미래는 전문가를 넘어서 '초전문가(Hyperspecialization)'의 시대가 될 것이라고 한다. 일부 기업이나 조직이 주도하는 것이 과거의 시스템이었다면 미래에는 수많은 사람 각자가 서로 다른 가치를 창출하여 리더가 되고 최고 전문가가 된다는 것"이다.

따라서 미래의 인공지능(AI) 시대에 대비하기 위해서는 인간의 자연지능(NI)인 인간지능(HI)과 인공지능(AI) 간의 교감으로 인간의 창조적인 지능인 뇌(Brain)의 가소성(Plasticity)을 활용하고 극대화하고 열정적으로 인간의 창조적인 완성도를 높여 나가는 것이 중요한 방향성이다.

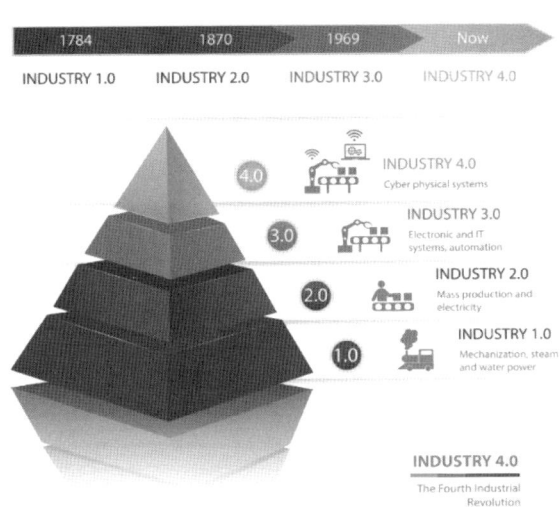

(출처: 게티이미지 코리아)

디지털 트랜스포메이션(Digital Transformation)으로 명명되는 4차 산업혁명은 일반적으로 "정보통신기술(ICT)의 융합으로 이뤄지는 차세대 산업혁명으로, '초연결', '초지능', '초융합'으로 대표된다"라고 정의하고 있다. 1차 산업혁명이 증기기관 기반의 기계화혁명, 2차 산업혁명이 전기에너지 기반의 대량생산혁명, 3차 산업혁명이 컴퓨터와 인터넷 기반의 지식정보혁명이라면 4차 산업혁명은 인공지능, 블록체인, 빅데이터, 클라우드 기반의 만물초지능혁명이라고 한다.

이 용어는 2016년 6월 스위스에서 열린 다보스 포럼(Davos Forum)에서 포럼의 의장이었던 클라우스 슈밥(Klaus Schwab)이 처음으로 사용하면서 이슈화됐다. 당시 슈밥 의장은 "이전의 1, 2, 3차 산업혁명이 전 세계적 환경을 혁명적으로 바꿔놓은 것처럼 4차 산업혁명이 전 세계 질서를 새롭게 만드는 동인이 될 것"이라고 밝힌 바 있다.

한편, AI, DX로 명명되는 4차 산업혁명 시대에 인류는 새로운 고민에 빠졌다. 환경 파괴로 인한 기후위기는 더 이상 방치할 수 없는 인류의 생존을 위협하는 이슈로 부상되었으며, 2050 탄소중립을 내세우며 ESG가 새로운 메가트렌드로 등장하였다.

인류가 존재해야 기업도 활동할 수 있는 것이고 AI, DX 등 4차 산업혁명기술의 활용도 가능하다는 것이다. ESG는 환경, 사회, 지배구조라는 단어의 조합이지만, 숨은 키워드는 바로 기업의 지속가능성, 기업가치, 그리고 비재무적 성과지표라고 할 수 있다.

지구촌이든 기업이든 지속가능성이 우선 보장되어야 존재할 수 있고 성장하는 것이 의미가 있다는 것이다. 그동안 글로벌 기업의 가치 기준은 주주 중심의 재무적 평가를 기준으로 평가되어 왔지만 앞으로는 이해관계자 중심의 비재무적 평가를 기준으로 삼겠다는 것이 지속가능성을 담보해 준다는 점이다.

ESG와 DX, AI 융합 시대에 우리가 어떻게 준비하고 대처해야 하는지에 대한 진지한 고민과 실행이 필요한 시기이고, ESG, DX, AI는 선택이 아닌 필수이며 생존의 문제이므로 좀 더 적극적으로 대처해 나가기 위해 깊이 있게 연구하고자 한다.

2. ESG의 유래와 진화

ESG는 Environmental(환경), Social(사회), Governance(지배구조)의 영문 첫 글자를 조합한 단어이다. 여기서 Environmental은 기업의 친환경 경영, Social은 기업의 사회적 책임, Governance는 기업의 투명한 지배구조를 의미한다.

기업 입장에서 보면, 이러한 ESG의 직관적인 의미보다는 ESG가 기업에게 어떠한 영향을 미치는지 그 실질적 의미가 더 중요할 것이다. ESG는 기업이 지속가능한 비즈니스를 달성하기 위한 세 가지 핵심 요소이며, 재무제표에는 직접적으로 보이지 않아도 기업의 중장기 기업가치에 막대한 영향을 주는 비재무적 지표로 정의할 수 있다.

ESG 경영이란 기업 경영에 있어서 평가의 대상이 되었던 기존의 재무적인 요인뿐만 아니라, 기업의 비재무적 요소(Environment, Social, Governance)를 평가해 투자에 대한 의사결정을 하겠다는 의미이다.

투자 의사 결정 시 '사회책임투자' 혹은 '지속가능투자'의 관점에서 기업의 재무적 요소들과 함께 고려한다. 사회책임투자란 사회적·윤리적 가치를 반영하는 기업에 투자하는 방식이다. 기업의 재무적 성과만을 판단하던 전통적 방식과 달리, 장기적 관점에서 기업 가치와 지속가능성에 영향을 주는 ESG(환경·사회·지배구조) 등의 비재무적 요소를 충분히 반영해 평가한다. 기업의 ESG 성과를 활용한 투자 방식은 투자자들의 장기적 수익을 추구하는 한편, 기업 행동이 사회에 이익이 되도록 영향을 줄 수 있다.

지속가능한 발전을 위한 기업과 투자자의 사회적 책임이 중요해지면서 세계적으로 많은 금융기관이 ESG 평가 정보를 활용하고 있다. 영국(2000년)을 시작으로 스웨덴, 독일, 캐나다, 벨기에, 프랑스 등 여러 나라에서 연기금을 중심으로 ESG 정보 공시 의무 제도를 도입했다. UN은 2006년 출범한 유엔책임투자원칙(UNPRI)을 통해 ESG 이슈를 고려한 사회책임투자를 장려하고 있다.

2021년 1월 14일 금융위원회는 우리나라도 오는 2026년부터 자산총액 2조 원 이상의 유가증권시장 상장사의 ESG 공시 의무화가 도입되며, 2030년부터는 모든 코스피 상장사로 확대된다고 발표하였다. 이로써 비재무적 친환경 사회적 책임 활동이 기업 가치를 평가하는 주요 지표로 자리매김하게 되었다.

세계적인 차원에서 지속가능발전이 의제로 등장한 것은 1987년에 유엔환경계획(UNEP)과 세계환경개발위원회(WCED)가 공동으로 채택한 〈우리 공동의 미래(Our Common Future)〉라는 보고서이다. 일명 '브룬트란트 보고서'라고 불리는 이 보고서에서는 '지속가능발전'을 "미래 세대에게 필요한 자원과 잠재력을 훼손하지 않으면서, 현 세대의 수요를 충족하기 위해 지속적으로 유지될 수 있는 발전"으로 정의하고 있다. 그리고 인류가 빈곤과 인구 증가, 지구온난화와 기후 변화, 환경 파괴 등의 위기에 직면해 앞으로 대재앙이나 파국을 맞이하지 않고도 경제를 발전시키기 위해서는 지속가능발전으로의 패러다임 전환이 필요하다고 주장했다.

1992년 유엔환경개발회의(UNCED)와 리우 회의에서 지속가능발전에 대한 글로벌 차원으로 논의되고 178개국 정상들이 참여한 환경과 개발에 관한 리우 선언에는 세계 3대 환경 협약이 포함됐다. 기후변화협약(CO_2 등 온실가스 감축), 생물 다양성 협약(생태계 보존), 사막화 방지 협약(사막화 방지, 물 문제 해결) 등 3대 환경 협약은 현재 ESG의 E 영역의 글로벌 가이드라인 평가 축이다. 또한 기후변화협약(UNFCCC)은 교토의정서(1997년)를 지나 파리기후변화협약(2015년)으로 기후 변화와 환경 어젠다를 이어왔다.

노동 문제와 관련해서는 1998년 국제노동기구(ILO)에서 강제 노동의 철폐, 아동 노동의 폐지를 비롯한 4대 원칙을 발표했다. 앞서 나이키 협력사의 아동 노동 사태가 불매 운동으로 이어지자 백악관에서 태스크포스를 설치해 세계적인 인권·노동의 원칙을 마련한 것이다. 이 또한

ESG의 S의 노동 부문에서 글로벌 가이드라인으로 작용하고 있다. 지속가능발전 개념은 이후 2002년 지속가능발전세계정상회의(WSSD)에서 21세기 인류의 보편적인 발전 전략을 함축하는 개념으로 정착됐다.

GRI는 기업의 지속가능경영보고서에 대한 가이드라인을 제시하는 비영리 기구다. 발데즈 원칙을 만든 미국의 환경 단체 세레스(CERES)와 UNEP 등이 주축이 되어 1997년 설립되었다. GRI의 핵심은 지속가능성보고 표준이고 지난 20년 동안 지속적으로 개발되어 왔다. 2000년에 첫째 가이드라인을 발표한 데 이어 2016년 최초의 글로벌 지속가능성보고 표준인 GRI 표준을 정립했다. GRI 표준은 경제·환경·사회 부문으로 나눠 기업이나 기관의 지속가능성을 평가하기 위한 지표를 설정하고 있다. 전 세계에서 1만5402개 조직이 GRI 가이드라인에 따라 지속가능경영보고서(ESG 보고서)를 발간하고 있다.

3. DX(디지털 전환)

(1) 디지털 전환(DX)의 의미

디지털 전환은 단순히 기존 업무를 자동화하는 것을 넘어, 디지털 기술을 활용하여 기업의 조직 문화, 비즈니스 모델, 산업 생태계까지 혁신하고 새로운 가치를 창출하는 과정이다. 쉽게 말해, 기업이 변화하는 시대에 발맞춰 살아남고 경쟁력을 확보하기 위해 디지털 기술을 전략적으로 도입하고 활용하는 것을 의미한다.

또한, 디지털 전환은 기업 및 조직이 디지털 기술과 도구를 활용하여 비즈니스 모델과 프로세스를 혁신하는 과정이다. 이는 기존 업무 방식을 자동화하고 데이터 분석, 인공지능, 클라우드 컴퓨팅과 같은 기술을 활용하여 효율적으로 운영하는 것을 목표로 한다.

(2) 디지털 전환의 3가지 발전 단계

디지털 전환은 단계적으로 진행되며 각 단계는 다음과 같다.

1) 1단계: 디지털 기반 구축

기존의 비즈니스 프로세스를 자동화하고 효율성을 높인다. 대표적인 기술로는 클라우드 컴퓨팅, 모바일, SaaS 등이 있다.

2) 2단계: 고객 중심 경험 구축

고객과의 소통 및 관계를 개선하고 데이터 기반의 의사결정을 통해 고객 만족도를 높인다. 대표적인 기술로는 빅데이터, 인공지능, 소셜 미디어 등이 있다.

3) 3단계: 혁신 기반 신사업 창출

디지털 기술을 기반으로 새로운 비즈니스 모델을 창출하고 새로운 시장을 개척한다. 대표적인 기술로는 사물인터넷(IoT), 블록체인, 가상현실(VR) 및 증강현실(AR) 등이 있다.

(3) 디지털 전환을 위한 주요 기술

디지털 전환을 성공적으로 이루기 위해서는 다양한 디지털 기술을 활용해야 한다. 핵심 기술로는 다음과 같은 것들이 있다.

클라우드 컴퓨팅
IT 인프라를 저렴하고 효율적으로 구축 및 관리

빅데이터
데이터 분석을 통한 의사 결정 개선 및 새로운 기회 발굴

인공지능
업무 자동화, 예측 분석, 개인화 서비스 제공

모바일
고객과의 실시간 소통 및 새로운 비즈니스 모델 창출

사물인터넷(IoT)

실시간 데이터 수집 및 분석을 통한 운영 효율성 개선

보안

디지털 자산 및 정보 보호

이외에도 챗봇, 가상현실(VR), 증강현실(AR), 블록체인 등 다양한 기술들이 디지털 전환에 활용되고 있다.

(4) 디지털 전환의 성공적인 사례

디지털 전환을 성공적으로 이루어 경쟁력을 강화한 기업 사례는 많다. 대표적인 사례로는 다음과 같은 것들이 있다.

넷플릭스

클라우드 기반 스트리밍 서비스로 미디어 산업 혁신

에어비앤비

온라인 플랫폼 기반 숙박 서비스로 호텔 산업 혁신

우버

모바일 앱 기반 차량 공유 서비스로 교통 산업 혁신

알리바바
온라인 쇼핑몰 및 금융 서비스로 중국 전자상거래 시장 지배

카카오
다양한 모바일 서비스로 한국 모바일 시장 선도

해외 기업들의 DX 추진 사례는 다음과 같다.

리코(Rico)(산업: 폐기물 관리)
리코는 물류센터에서 나오는 폐기물의 90% 이상을 재활용하는 플랫폼을 구축하고 있다. 업박스라는 전용 쓰레기통을 통해 정확한 폐기물량을 측정하고 재활용 계획을 세울 수 있도록 도와준다

코액터스(Cohactor)(산업: 모빌리티)
코액터스는 청각장애인이 운행하는 서비스 '고요한택시'를 제공한다. 또한, 시각장애인을 위한 점자 정보기술(IT) 기기를 개발하여 글자와 간단한 그림을 손으로 만져 파악할 수 있도록 도와준다.

닷 (Dot)(산업: 시각장애인 기술)
닷은 뇌파를 이용한 점자 디스플레이 '닷 패드'를 개발했다. 이 기기를 통해 시각장애인이 글자와 그림을 뇌파로 파악할 수 있게 되었다.

이렇게 다양한 사례들을 통해 DX가 혁신과 효율성을 가져오고 있음

을 확인할 수 있다.

국내 기업들의 DX 추진 사례는 다음과 같다.

다음차(Daumcha)(산업: 자동차 판매 중개)

다음차는 인공지능 기반 트렌드 분석을 통해 상품과 서비스 신뢰를 향상시키고 소비 수요를 높이기 위해 데이터 바우처 지원사업을 활용했다. 소프트웨어 공학 전문 기업인 '씽크포비엘'의 컨설팅을 받아 성공적으로 DX를 진행했다.

GS칼텍스(산업: 에너지)

GS칼텍스는 '디지털 전환의 국내외 추진현황 및 정책적 시사점' 리포트를 통해 국내 디지털 전환의 가속화를 위한 전략적 로드맵을 구축하고 있다.

기타 사례

메리어트 호텔은 디지털 트윈을 활용하여 생산성을 높이고 있으며, 테슬라는 자동차 제조에서 디지털 기술을 혁신적으로 활용하고 있다.

이처럼 디지털 전환은 기업에게 새로운 성장 기회를 제공하고 경쟁력을 강화하는 데 중요한 역할을 하고 있다.

(5) 디지털 전환을 위한 준비

디지털 전환은 단순히 기술을 도입하는 것이 아니라, 기업의 조직 문화, 비즈니스 모델, 산업 생태계까지 혁신하는 과정이다. 성공적인 디지털 전환을 위해서는 명확한 비전과 전략 그리고 이를 실행할 수 있는 준비가 필요하다.

1) 명확한 비전과 전략 수립

디지털 전환을 통해 달성하고자 하는 목표를 명확히 정의한다. 단순히 비용 절감이나 효율성 향상뿐만 아니라, 새로운 시장 진출, 고객 만족도 향상, 새로운 제품 및 서비스 개발 등 구체적인 목표를 설정해야 한다. 목표 달성을 위한 전략을 수립해야 하며 전략 수립에는 기존의 비즈니스 프로세스 분석, 시장 및 경쟁 환경 조사, 주요 기술 및 트렌드 파악 등이 포함된다. 또한, 사업별, 부서별, 직원별 구체적인 역할과 책임을 명확히 정의해야 한다.

2) 조직 문화 변화

① 디지털 변화에 대한 인식 개선: 리더부터 직원까지 디지털 기술의 중요성을 인지하고, 변화에 대한 두려움을 극복하도록 교육 및 훈련을 제공해야 한다.
② 참여 유도: 직원들의 참여를 유도하고, 창의적인 아이디어를 적

극적으로 수렴할 수 있는 문화를 조성해야 한다.

③ 협업 강화: 부서 간, 팀 간 협업을 강화하여 정보 공유를 촉진하고, 시너지를 창출할 수 있도록 지원해야 한다.

3) 데이터 중심 의사 결정

① 데이터 수집 및 분석 시스템 구축: 기업의 모든 활동에서 발생하는 데이터를 체계적으로 수집하고 분석할 수 있는 시스템을 구축해야 한다.

② 데이터 기반 의사결정: 수집된 데이터를 활용하여 마케팅, 영업, 생산, 관리 등 모든 의사결정 과정을 데이터 기반으로 수행해야 한다.

③ 데이터 활용 역량 강화: 직원들이 데이터를 이해하고 활용할 수 있도록 교육 및 훈련을 제공해야 한다.

4) 주요 기술 도입

① 필요한 기술 선정: 목표 달성에 필요한 주요 기술들을 선정하고, 이를 도입 및 활용할 수 있는 구체적인 계획을 수립해야 한다.

② 기술 투자: 선정된 기술에 대한 투자를 아끼지 않아야 한다.

③ 인력 확보: 기술을 도입하고 활용할 수 있는 전문 인력을 확보해야 한다.

5) 보안 강화

① 디지털 공격에 대한 대비: 디지털 공격의 위험성이 증가함에 따라, 기업의 정보 시스템 및 데이터를 보호하기 위한 보안 강화가 필수적이다.
② 엄격한 보안 정책 수립: 보안 정책을 수립하고, 정기적으로 점검 및 개선해야 한다.
③ 직원 교육: 직원들에게 보안 교육을 실시하여 보안 위협을 인지하고, 안전하게 업무를 수행할 수 있도록 돕는다.

6) 지속적인 평가 및 개선

디지털 전환 과정을 지속적으로 평가하고, 목표 달성 여부를 확인해야 한다. 문제점을 발견하면 개선하고, 필요에 따라 전략을 수정해야 한다. 변화하는 환경에 맞춰 지속적으로 새로운 기술을 도입하고, 혁신을 추구해야 한다.

디지털 전환은 쉽지 않은 과정이지만, 성공적으로 이루어 낸다면 기업에 새로운 성장 기회를 제공하고 경쟁력을 강화하는 데 큰 도움이 될 것이다.

4. AI 기술의 급속한 발전과 미래 핵심 기술

(1) 인공지능(AI)이란?

인공지능에 대해서 최첨단 생성형 인공지능 중의 하나인 구글 제미나이(Gemini)에게 물어보니 이렇게 답변이 왔다.

1) 인공지능(AI)이란 무엇일까요?

인공지능은 인간의 지능을 모방하도록 설계된 컴퓨터 시스템이다. 컴퓨터가 스스로 학습하고, 추론하고, 문제를 해결하며, 인간과 유사한 방식으로 주변 환경과 상호 작용할 수 있도록 하는 기술을 포함한다. 핵심 개념은 학습과 추론, 문제 해결, 상호작용이라고 본다.

① 학습: 인공지능 시스템은 경험이나 데이터로부터 학습하여 지식을 쌓고 성능을 향상시킬 수 있다.
② 추론: 학습된 지식을 사용하여 새로운 상황을 분석하고 판단을 내릴 수 있다.
③ 문제 해결: 주어진 조건에서 목표를 달성하기 위한 최적의 방법을 찾을 수 있다.
④ 상호 작용: 주변 환경과 데이터를 인식하고, 정보를 주고받으며, 행동을 수행할 수 있다.

2) 인공지능의 종류

① 좁은 인공지능(ANI) : 특정 작업이나 문제 해결에 특화된 인공지능이다. 예를 들어, 체스 게임을 하는 프로그램이나 얼굴 인식 소프트웨어가 여기에 속한다.
② 넓은 인공지능(AGI) : 인간과 동일한 수준의 지능을 가진 가상의 인공지능이며 아직 개발 초기 단계이다.
③ 인공 일반 지능(ASI) : AGI보다 더 발전된 인공지능으로, 인간의 지능을 뛰어넘는 능력을 가질 가능성이 있다.

3) 인공지능의 활용 분야

① 의료: 질병 진단, 치료 계획, 약물 개발 등
② 금융: 사기 감지, 투자 분석, 신용 평가 등
③ 제조: 생산 자동화, 품질 관리, 예측 유지 관리 등
④ 유통: 추천 시스템, 가격 책정, 재고 관리 등
⑤ 교육: 개인 맞춤형 학습, 자동 평가, 학습 자료 제작 등
⑥ 고객 서비스: 챗봇, 가상 비서, 자동 응답 시스템 등

4) 인공지능의 미래

인공지능은 앞으로 더욱 발전하여 우리 삶의 많은 측면에 영향을 미칠 것으로 예상된다. 새로운 산업 분야가 창출되고, 기존 산업 분야는

변화를 겪을 것이다. 또한, 인공지능 기술의 윤리적, 사회적 영향에 대한 논의도 활발하게 진행되고 있다.

(2) 생성형 AI란

생성형 AI에 대해서 제미나이에게 물어보았더니 다음과 같이 답변했다.

생성형 AI는 텍스트, 이미지, 음악, 영상과 같은 새로운 콘텐츠를 창의적으로 생성할 수 있는 인공지능 기술이다. 기존 데이터의 패턴을 학습하여 독창적인 콘텐츠를 만들어 낼 수 있다는 점에서 일반적인 인공지능과 차별화된다.

1) 생성형 AI의 작동 방식

① 데이터 학습: 생성형 AI 모델은 방대한 양의 텍스트, 이미지, 음악, 영상 데이터로 학습된다.
② 패턴 파악: 학습 데이터의 기본 구조, 관계, 특징을 파악한다.
③ 새로운 콘텐츠 생성: 학습된 패턴을 기반으로 새로운 텍스트, 이미지, 음악, 영상을 생성한다.

2) 생성형 AI의 활용 분야

① 텍스트 생성: 뉴스 기사, 소설, 시, 코드, 대본 등
② 이미지 생성: 사진, 그림, 로고, 제품 디자인 등
③ 음악 생성: 노래, 배경 음악, 사운드 효과 등
④ 영상 생성: 영화, 광고, 게임 영상 등
⑤ 게임 개발: 게임 캐릭터, 배경, 스토리 등
⑥ 의료 영상 분석: 질병 진단, 치료 계획 수립 등
⑦ 과학 연구: 새로운 물질, 화합물 개발 등
⑧ 개인 맞춤형 콘텐츠 제작: 음악, 영화, 뉴스 등 사용자 취향에 맞는 콘텐츠

3) 생성형 AI의 장점

① 창의성 향상: 인간의 창의성을 보완하고 새로운 아이디어를 발굴하는 데 도움을 줄 수 있다.
② 생산성 향상: 반복적인 업무를 자동화하여 생산성을 높일 수 있다.
③ 개인 맞춤화: 사용자에게 최적화된 콘텐츠와 서비스를 제공할 수 있다.
④ 새로운 가능성 창출: 예술, 과학, 의료 등 다양한 분야에서 새로운 가능성을 열 수 있다.

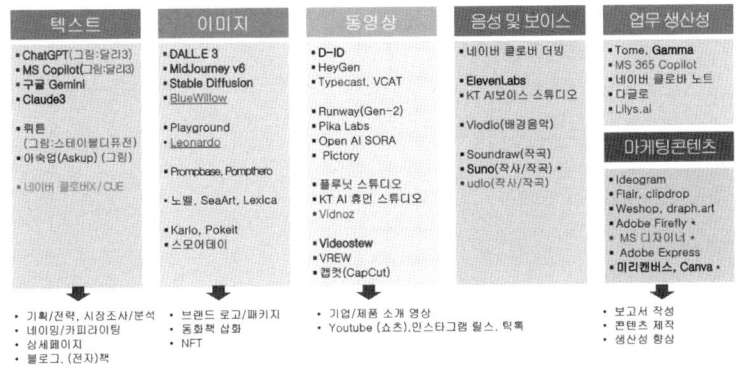

(출처: 이현구, KCA 1기 챗GPT 전문가 교육과정 교육자료)

4) 생성형 AI의 윤리적 문제

① 편향성: 학습 데이터에 존재하는 편향성이 생성된 콘텐츠에도 반영될 수 있다.

② 딥페이크: 가짜 영상이나 음성을 제작하여 악용될 수 있다.

③ 저작권 침해: 생성된 콘텐츠가 기존 작품을 표절할 수 있다.

④ 일자리 감소: 일부 업무가 자동화됨에 따라 일자리 감소가 우려된다.

생성형 AI는 아직 초기 단계의 기술이지만, 앞으로 더욱 발전하여 우리 삶의 많은 측면에 영향을 미칠 것으로 예상된다. 생성형 AI 기술을 책임감 있게 사용하고 윤리적 문제를 해결하기 위한 노력이 필요하다.

(3) AI 중심의 미래 핵심 기술

2024년 4월 PwC가 삼일회계법인과 함께 발표한 〈미래의 8대 핵심 기술_AI를 중심으로〉 보고서의 미래 8대 핵심 기술은 다음과 같다.

1) 유형 1

현재 활용도가 높으며 향후 지속적으로 확장될 것으로 예상되는 기술로 인공지능(AI)과 사물인터넷(IoT)을 들고 있다.

2) 유형 2

기업 내 활용이 증가하고 있으나, 일부 기업에서는 활용도가 낮은 기술로 불록체인과 가상현실(VR), 증강현실(AR), 고성능 로보틱스 기술을 꼽고 있다.

3) 유형 3

빠르게 진화하고 있으나 주류 기술은 아니며 파급 효과에 대한 모니터링이 필요한 기술로 양자컴퓨터와 뉴로모픽 컴퓨팅 기술을 꼽고 있다.

[참고문헌]

- 이현구 외 8인, 《챗GPT 활용의 정석》, 브레인플랫폼, 2024.06.
- PwC 삼일회계법인, 〈PwC가 제시하는 미래의 8대 핵심기술_AI를 중심으로〉, 2024.04.
- 대한상공회의소·삼정KPMG, 〈중소·중견기업 CEO를 위한 알기 쉬운 ESG〉, 2021.07.
- 국가기술표준원·한국표준협회, 〈ESG 경영·평가 대응을 위한 ISO·IEC 국제표준 100선 가이드〉, 2021.06.
- 홍종성, 〈지속가능경영, ESG 경영으로의 전환을 위한 기업들의 전략적 접근 방안〉, Deloitte Insights, 2020.11
- 이현주 기자, 'ESG 경영의 짧지만 긴 역사… 브룬트란트 보고서에서 지속 가능 경영까지', 한경비즈니스, 2021.03.30.
- 정승환 기자, '2002년 유엔환경계획 F1서 첫 등장… ESG, CSR과 개념 달라', 매일경제, · 2021.04.21.
- 송협 기자, '전 세계 기업들이 주목하는 ESG 경영은?', 데일리포스트, 2021.05.06.
- 조근석 기자, '그래서 ESG 경영이 뭔가요', 아이뉴스24, 2021.04.28.
- 대신증권, 'ESG가 뭐길래, 요즘 기업들 사이에서 난리일까', 대신증권, 2021.05.10.
- 전경련, 'ESG 투모로우' 사이트(http://www.esgtomorrow.co.kr)
- 국회입법조사처 자료
- PwC 삼일회계법인, 〈PwC가 제시하는 미래의 8대 핵심 기술〉, 2024.04.
- https://en.wikipedia.org/wiki/Artificial_intelligence
- https://www.ibm.com/design/ai/basics/ml
- https://www.hpe.com/emea_europe/en/solutions/ai-artificial-intelligence.html
- https://www.youtube.com/watch?v=2ezewo1O-2c
- https://aws.amazon.com/what-is/artificial-intelligence/
- https://en.wikipedia.org/wiki/Artificial_intelligence
- https://www.sap.com/products/artificial-intelligence.html

- https://aws.amazon.com/ai/generative-ai/
- https://www.elasticpath.com/blog/using-composable-commerce-as-generative-ais-frontend
- https://www.ibm.com/thought-leadership/institute-business-value/en-us/technology/generative-ai • 2021.04.21.
- 송협 기자, '전 세계 기업들이 주목하는 ESG 경영은?', 데일리포스트, 2021.05.06.
- 조근석 기자, '그래서 ESG 경영이 뭔가요', 아이뉴스24, 2021.04.28.
- 대신증권, 'ESG가 뭐길래, 요즘 기업들 사이에서 난리일까', 대신증권, 2021.05.10.
- 전경련, 'ESG 투모로우' 사이트(http://www.esgtomorrow.co.kr)
- 국회입법조사처 자료
- PwC 삼일회계법인, 〈PwC가 제시하는 미래의 8대 핵심 기술〉, 2024.04.
- https://en.wikipedia.org/wiki/Artificial_intelligence
- https://www.ibm.com/design/ai/basics/ml
- https://www.hpe.com/emea_europe/en/solutions/ai-artificial-intelligence.html
- https://www.youtube.com/watch?v=2ezewo1O-2c
- https://aws.amazon.com/what-is/artificial-intelligence/
- https://en.wikipedia.org/wiki/Artificial_intelligence
- https://www.sap.com/products/artificial-intelligence.html
- https://aws.amazon.com/ai/generative-ai/
- https://www.elasticpath.com/blog/using-composable-commerce-as-generative-ais-frontend
- https://www.ibm.com/thought-leadership/institute-business-value/en-us/technology/generative-ai

[저자소개]

김영기 KIM YOUNG GI

학력
- 영어영문학 학사·사회복지학·교육학 학사 졸업
- 신문방송학 석사·고령친화산업학 석사 수료
- 부동산경영학 박사·사회복지상담학/경영학 박사 수료

경력
- 미국 캐롤라인대학교 경영학과 교수
- KCA한국컨설턴트사관학교 총괄교수
- KBS면접관 / kpc부설 '한국사회능력개발원' 면접관교육 총괄교수
- 정보통신산업진흥원 등 10여 개 기관 심사평가위원
- 소상공인시장진흥공단 소상공인 컨설턴트
- 중소기업중앙회 노란우산 경영지원단 전문위원
- 서울시·중앙대·남서울대·경남신보 창업 전문 강사
- 중앙대·경기대·세종대·강남대·한국산업기술대 강사 역임
- KAIT 2024 DX컨설턴트 양성과정 180시간 수료

자격

- 경영지도사 / 국제공인경영컨설턴트(ICMCI CMC)
- 사회적기업코칭컨설턴트 / 협동조합코칭컨설턴트
- 창직컨설턴트 1급 / 창업지도사 1급 / 브레인컨설턴트 / 국가공인브레인트레이너 / HR전문면접관(1급)자격증 / ISO국제선임심사원(ISO9001, ISO14001, ISO27001)

저서

- 《부동산경매사전》, 일신출판사, 2009. (김형선 외 4인 공저)
- 《부동산용어사전》, 일신출판사, 2009. (김형선 외 4인 공저)
- 《부동산경영론연구》, 아이피알커뮤니케이션, 2010. (김영기)
- 《성공을 위한 리허설》, 행복에너지, 2012. (김영기 외 20인 공저)
- 《억대 연봉 컨설턴트 프로젝트》, 시니어파트너즈, 2013. (김영기)
- 《경영지도사 로드맵》, 시니어파트너즈, 2014. (김영기)
- 《메타 인지 학습 : 브레인 컨설턴트》, e경영연구원, 2015. (김영기)
- 《메타 인지 학습 : 진짜 공부 혁명》, e경영연구원, 2015. (양영종 외 2인 공저)
- 《창업과 경영의 이해》, 도서출판 범한, 2015. (김영기 외 1인 공저)
- 《NEW 마케팅》, 도서출판 범한, 2015. (변명식 외 3인 공저)
- 《브레인 경영》, 도서출판 범한, 2016. (김영기 외 7인 공저)
- 《저작권 진단 및 사업화 컨설팅(서진씨엔에스, 쿠프, 아이스페이스)》, 충청북도지식산업진흥원, 2017. (김영기)
- 《저작권 진단 및 사업화 컨설팅(와바다다)》, 강릉과학산업진흥원, 2018. (김영기)
- 《공공기관 합격 로드맵》, 브레인플랫폼, 2019. (김영기 외 20인 공저)
- 《브레인경영 비즈니스 모델》, 렛츠북, 2019. (김영기 외 6인 공저)
- 《저작권 진단 및 사업화 컨설팅(파도스튜디오)》, 강릉과학산업진흥원, 2019. (김영기)
- 《2020 소상공인 컨설팅》, 렛츠북, 2020. (김영기 외 9인 공저)
- 《공공기관·대기업 면접의 정석》, 브레인플랫폼, 2020. (김영기 외 20인 공저)
- 《인생 2막 멘토들》, 렛츠북, 2020. (김영기 외 17인 공저)
- 《4차 산업혁명 시대 AI 블록체인과 브레인경영》, 브레인플랫폼, 2020. (김영기 외 21인 공저)

- 《재취업전직지원서비스 효과적 모델》, 렛츠북, 2020. (김영기 외 20인 공저)
- 《미래 유망 자격증》, 렛츠북, 2020. (김영기 외 19인 공저)
- 《창업과 창직》, 브레인플랫폼, 2020. (김영기 외 17인 공저)
- 《경영기술컨설팅의 미래》, 브레인플랫폼, 2020. (김영기 외 18인 공저)
- 《공공기관 합격 노하우》, 브레인플랫폼, 2020. (김영기 외 20인 공저)
- 《신중년 도전과 열정》, 브레인플랫폼, 2020. (김영기 외 18인 공저)
- 《저작권 진단 및 사업화 컨설팅(더웨이브컴퍼니)》, 강릉과학산업진흥원, 2020. (김영기)
- 《4차 산업혁명 시대 및 포스트 코로나 시대 미래 비전》, 브레인플랫폼, 2020. (김영기 외 18인 공저)
- 《소상공인&중소기업컨설팅》, 브레인플랫폼, 2020. (김영기 외 15인 공저)
- 《미래 유망 기술과 경영》, 브레인플랫폼, 2021. (김영기 외 21인 공저)
- 《공공기관 채용의 모든 것》, 브레인플랫폼, 2021. (김영기 외 21인 공저)
- 《신중년 N잡러가 경쟁력이다》, 브레인플랫폼, 2021. (김영기 외 22인 공저)
- 《안전기술과 미래경영》, 브레인플랫폼, 2021. (김영기 외 21인 공저)
- 《퇴직전문인력 일자리 활성화를 위한 '경영지도 및 진단전문가' 모델 사례연구》, 한국연구재단, 2021. (김영기)
- 《창직형 창업》, 브레인플랫폼, 2021. (김영기 외 17인 공저)
- 《신중년 도전과 열정 2021》, 브레인플랫폼, 2021. (김영기 외 17인 공저)
- 《기업가정신과 창업가정신 그리고 창직가정신》, 브레인플랫폼, 2021. (김영기 외 12인 공저)
- 《4차 산업혁명 시대 AI 블록체인과 브레인경영 2021》, 브레인플랫폼, 2021. (김영기 외 8인 공저)
- 《ESG경영》, 브레인플랫폼, 2021. (김영기 외 23인)
- 《메타버스를 타다》, 브레인플랫폼, 2021. (공저)
- 《N잡러 시대, N잡러 무작정 따라하기》, 브레인플랫폼, 2021. (김영기 외 15인)
- 《10년 후의 내 모습을 상상하라》, 브레인플랫폼, 2022. (김영기 외 10인)
- 《공공기관 채용과 면접의 기술》, 브레인플랫폼, 2022. (김영기 외 19인)
- 《N잡러 컨설턴트 교과서》, 브레인플랫폼, 2022. (김영기 외 25인)

- 《프롭테크와 메타버스NFT》, 브레인플랫폼, 2022. (김영기 외 11인)
- 《팔도강산 팔고사고》, 브레인플랫폼, 2022. (공저)
- 《정부·지자체의 창업지원금과 지원제도의 모든 것》, 브레인플랫폼, 2022. (김영기 외 10인)
- 《미래를 위한 도전과 열정》, 브레인플랫폼, 2022. (김영기 외 6인)
- 《AI 메타버스시대 생존을 위한 ESG경영 실행전략》, 브레인플랫폼, 2022. (김영기 외 24인)
- 《퇴직전문인력 일자리 활성화를 위한 경영지도 및 진단전문가 모델 사례연구》, 유페이퍼, 2022. (김영기)
- 《창업경영컨설팅 현장사례》, 브레인플랫폼, 2022. (공저)
- 《채용과 면접 교과서》, 브레인플랫폼, 2023. (공저)
- 《100세시대, 평생교육 평생현역》, 브레인플랫폼, 2023. (김영기 외 15인)
- 《모빌리티 혁명》, 브레인플랫폼, 2023. (김영기, 이상헌 외 9인)
- 《평생현역 N잡러 도전기》, 브레인플랫폼, 2023. (김영기 외 14인)
- 《미래 유망 일자리 전망》, 브레인플랫폼, 2023. (김영기 외 19인)
- 《창업경영컨설팅 방법론 및 사례》, 브레인플랫폼, 2023. (김영기 외 13인)
- 《AI시대 ESG 경영전략》, 브레인플랫폼, 2023. (김영기 외 11인)
- 《평생현역을 위한 도전과 열정》, 브레인플랫폼, 2023. (김영기 외 9인)
- 《멘토들과 함께하는 인생 여정》, 브레인플랫폼, 2024. (김영기 외 8인)
- 《ESG경영 사례연구》, 브레인플랫폼, 2024. (김영기 외 13인)
- 《초고령사회 산업의 변화》, 브레인플랫폼, 2024. (김영기 외 8인)
- 《건강한 경제적 자유》, 브레인플랫폼, 2024. (김영기 외 6인)
- 《신중년 적합 교육 및 일자리 연구》, 브레인플랫폼, 2024. (김영기 외 8인)
- 《메가트렌드 ESG, DX, AI 연구》, 브레인플랫폼, 2024. (김영기 외 10인)

수상
- 문화관광부장관표창(2012)
- 대한민국청소년문화대상(2015)
- 대한민국교육문화대상(2016)
- 대한민국신지식인(교육분야)인증(2020)

2장

이현구

AI와 ESG의 융합: 기업경영의 새로운 패러다임

1. 들어가며

필자는 지난 3년간 ESG 컨설턴트로 활동하며 공기업을 포함한 22개 기업의 ESG 진단, 컨설팅 및 지속가능경영보고서 작성에 참여했다. 대상 기업들의 ESG 경영 준비 상황은 거의 제로 수준부터 조금만 개선하면 상위 수준이 될만한 기업까지 다양했다. ESG 컨설팅을 통해 기업의 문제점을 개선하여 지속가능경영에 도움을 주고 동반성장위원회 'ESG 우수 중소기업 확인서'를 발급받는 데 기여한 점에서 보람을 느낀다.

최근 각국 정부와 국제기구의 ESG 관련 규제가 더욱 강화되고 있다. 작년 10월부터 시행된 탄소국경조정제도(CBAM)에 의하면 철강, 시멘트, 전기, 비료, 알루미늄, 수소 등 6개 품목을 유럽연합(EU)에 수출하는 기업은 제품 생산 과정에서 발생한 탄소 배출량에 대해 2025년 말까지 분기별 보고를 해야 한다. 올해 3월에는 미국 증권거래위원회(SEC)의 기후 공시 의무화 규정 최종안이 통과되었고, 4월에는 EU 공급망 실사 지침(CSDDD)이 유럽연합(EU) 의회를 통과했다.

국내의 경우 올해 1월 27일부터 5명 이상 일하는 모든 사업장까지 중대재해처벌법이 적용됨에 따라 기업의 안전보건관리 체계 구축이 시급해졌으며, 4월에는 한국 지속가능성기준위원회(KSSB)의 국내 ESG 의무공시 기준 초안이 발표되어 이를 토대로 2026년부터 자산 규모 2조 원 이상 코스피 상장사를 시작으로, 2030년부터는 모든 코스피 상장사가 지속가능보고서를 의무적으로 공시하게 될 전망이다.

필자는 이러한 ESG 추세에 대응하기 위해 탄소중립 규제대응 전문가 교육을 수료하고, ISO45001(안전보건경영시스템) 심사원 자격을 취득하는 등 지속적인 학습에도 소홀히 하지 않고 있다. 6월에는 부천도시공사의 ESG 경영위원으로 위촉되어 자문 활동을 시작하는 등 ESG 활동의 폭을 넓히고자 노력하고 있다.

AI 분야에서는 2023년 초부터 챗GPT를 포함한 생성 AI에 대한 스터디 및 강의를 시작하여 최근까지 1년 6개월 동안 80여 회의 강의를 진행했다. 강의 대상은 경영지도사를 시작으로 컨설턴트, 강사, 기업 임직원, 대학생, 고등학생, 스타트업, 소상공인, 일반 시민 등으로 확대되었다. 또한, AI융합비즈니스포럼을 만들어 인공지능 시대에 다양한 분야의 비즈니스에서 AI 융합을 통한 상호 성장과 관련 생태계 활성화를 위해 노력하고 있다.

ESG와 AI 분야에서의 경험을 쌓으며, 이 두 영역의 융합이 큰 시너지를 창출할 수 있다는 생각을 갖게 되었다. 이러한 관심을 바탕으로, 올해 3월 출범한 '디지털ESG얼라이언스(DEA)'에도 가입하여 활동하고 있다. DEA는 디지털 전환을 통해 국내 기업들에게 글로벌 환경 규제에 대한 청사진을 제시하고, 글로벌 시장 진출 및 경쟁력 강화를 지원하기 위해 설립된 산학연 연합체다. 6월에는 DEA 제1회 워크샵에 참석하여, 분과별 계획 및 최신 동향을 공유하고 네트워킹하는 뜻깊은 시간을 가졌다.

디지털ESG얼라이언스 제1회 워크샵(2024.6.20.)

이러한 관심은 강의로도 이어져 매일경제신문 주관 'AI 트랜스포메이션(AX) 리더 과정'의 'AI 기반 ESG 전환 리더' 섹션의 강의를 진행하기도 했다. 강의 제목은 'AI와 ESG의 융합: 기업경영의 새로운 패러다임'이었으며, 이 책에서 해당 강의 내용 일부와 업데이트된 내용을 담고자 한다.

2. AI와 ESG 융합의 중요성

AI(인공지능)와 ESG(환경, 사회, 지배구조)는 현대 기업경영에서 가장 중요한 두 가지 트렌드로 볼 수 있다. 이 두 개념의 융합은 기업의 지속

가능성과 경쟁력 강화에 핵심적인 역할을 하고 있으며, AI와 ESG의 융합은 아래와 같은 관점에서 중요한 의미를 가진다.

첫째, AI 기술을 활용한 ESG 경영은 기업의 지속가능한 발전을 가능하게 하는 데 중요한 역할을 한다. AI 기술을 활용하여 ESG 관련 데이터를 수집 및 분석하고, 이를 바탕으로 더 나은 의사결정을 할 수 있다.

둘째, AI를 통해 ESG 관련 리스크를 더 효과적으로 예측하고 관리할 수 있다.

셋째, ESG 목표 달성을 위해 AI 기술을 활용함으로써, 지속가능성과 기술 혁신을 동시에 추구할 수 있다.

넷째, AI를 활용한 투명한 ESG 성과 보고는 이해관계자들의 신뢰를 높일 수 있다.

다섯째, AI와 ESG의 융합은 새로운 비즈니스 모델과 시장 기회를 창출함으로써 기업의 장기적인 경쟁력을 강화하는 데 기여한다.

3. AI와 ESG 경영의 시너지

AI와 ESG 경영의 시너지는 두 가지 측면으로 접근해 볼 수 있을 것이다. AI 기술을 활용하여 ESG 경영을 혁신하는 측면과 ESG 경영이 AI 기술의 발전 방향에 영향을 주는 측면이다.

우선 AI 기술은 ESG 경영의 각 영역에서 혁신적인 변화를 이끌고 있다.

첫째, 환경(E) 분야에서 AI는 다음과 같은 혁신을 가져온다. AI 기술은 에너지 사용 패턴을 예측하고 에너지 소비를 최적화하고 풍력, 태양광 등 재생 에너지원의 출력을 예측하고 성능을 최적화하는 데 기여한다. 또한, AI 기반 시스템은 실시간으로 탄소 배출량을 모니터링하고 관리할 수 있다.

둘째, 사회(S) 분야에서 AI는 다음과 같은 혁신을 가져온다. AI를 활용한 원격교육 플랫폼, 디지털 헬스케어 등을 통해 교육과 보건 서비스의 접근성을 향상시키고 사회적 격차를 해소한다. 블록체인 기술과 AI를 결합하여 공급망의 투명성을 제고할 수 있다. AI 시스템을 통해 공급망 내 노동 환경을 모니터링하고 개선한다.

셋째, 지배구조(G) 분야에서 AI는 다음과 같은 혁신을 가져온다. 빅데이터 분석을 통해 경영 의사결정의 투명성과 책임성을 강화한다. AI 기반 예측 모델을 통해 기업의 리스크를 더 효과적으로 관리한다. 디지털 커뮤니케이션 플랫폼을 통해 이해관계자와의 소통을 강화하고 정보를 공유한다.

한편, ESG 경영은 AI 기술의 발전 방향에 다음과 같이 영향을 미치고 있다.

첫째, AI 기술 개발과 활용에 있어 윤리적 고려사항이 강조되고 있다. ESG 가치를 반영한 AI 기술 개발이 요구되며, 이는 AI의 지속 가능한 발전에 기여한다.

둘째, 포용성, 공정성, 투명성 등 ESG 가치를 반영한 AI 기술 개발이 요구되고 있다. 이는 AI 기술이 사회적으로 수용되고 지속적으로 발전할 수 있는 기반이 된다.

셋째, ESG 경영에 필요한 데이터 수집과 분석 과정에서 AI 기술의 고도화와 새로운 알고리즘 개발이 촉진된다.

'책임 있는 AI(Responsible AI)'는 인공지능 시스템의 설계, 개발, 배포 및 사용에 있어 윤리적 원칙을 준수하고, 사회적 영향을 고려하며, 이해관계자의 가치와 법적 기준에 부합하도록 하는 일련의 원칙을 의미한다. ESG는 기업의 지속가능성과 윤리적 영향을 평가하는 주요 요소로서, AI의 책임 있는 사용은 ESG 기준을 충족하는 데 중요한 역할을 한다. 주요 기업들의 '책임 있는 AI' 접근 방식을 살펴보면 다음과 같다.

(1) 구글(Google)

구글의 '책임 있는 AI' 팀은 AI 시스템이 공정하고 투명하며 다양한 커뮤니티에 유익하도록 하는 것을 목표로 한다. 편견 없는 AI 시스템 개발, AI 시스템 작동 방식 투명화, 다양한 문화적 맥락 반영, 인간 중심 기술 개발 등을 통해 AI 기술이 인류에게 긍정적인 영향을 미치도록 보장하는 데 중점을 두고 있다.

(2) IBM

IBM은 AI 윤리와 '책임 있는 AI'를 위한 다차원적 접근 방식을 채택하고 있다. IBM은 AI 시스템의 투명성과 설명 가능성을 강조하며, 데이터 사용 정책을 명확히 하고, AI 시스템의 의사결정 과정을 이해할 수 있도록 한다. 또한, IBM은 AI 시스템의 공정성을 보장하기 위해 정기적으로 모델을 평가하고, 민감한 속성(예: 인종, 성별)에 대한 편향을 완화하는 기술을 사용한다.

(3) 메타(Meta)

메타는 블로그 게시글을 통해 '책임 있는 AI'를 위한 원칙을 제시했다. 메타는 AI 개발 및 활용 과정에서 발생하는 윤리적, 사회적 문제를 해결하기 위해 전담팀을 구성했으며, 이 팀은 개인정보 보호, 공정성, 안전성, 투명성, 책임성이라는 5가지 분야에 집중한다.

위의 3개사 모두 AI 시스템의 공정성과 투명성을 보장하고, 다양한 커뮤니티에 유용하도록 하는 데 중점을 두고 있다. 이러한 노력은 기업의 지속가능성과 윤리적 영향을 평가하는 데 중요한 요소로 작용할 것이다.

다음은 AI를 활용한 환경(E), 사회(S), 지배구조(G) 분야별 혁신에 대해 알아보자.

4. AI를 활용한 환경(E) 분야 혁신

(1) 에너지 효율과 재생에너지 최적화

AI 기술은 에너지 효율 향상과 재생에너지 최적화에 큰 기여를 하고 있다. AI 알고리즘은 과거 데이터를 분석하여 미래의 에너지 사용 패턴을 예측한다. 예측된 패턴을 바탕으로 건물 및 산업 시설의 에너지 소비를 최적화하며, 실시간으로 에너지 사용을 모니터링하고 필요에 따라 조정한다.

사례로, Google의 DeepMind AI는 데이터 센터의 냉각 시스템을 최적화하여 에너지 효율을 크게 향상시켰다. 또한, Tesla의 전기자동차는 AI를 활용한 자율주행 기능으로 운전 패턴을 최적화하여 에너지 효율을 높이고 배기가스 배출량을 줄였다.

AI는 날씨 데이터 등을 분석하여 풍력, 태양광 등 재생에너지의 출력을 정확히 예측한다. AI 알고리즘은 재생에너지 설비의 성능을 실시간으로 모니터링하고 최적화한다. 예측적 유지보수 기법을 통해 설비의 효율성과 수명을 향상시킨다.

GE Renewable Energy는 풍력 터빈에 AI를 사용하여 성능을 향상시킨 사례가 있다. AI는 풍속, 방향 등의 데이터를 분석하여 터빈의 각도와 속도를 최적화함으로써 에너지 생산량을 증가시켰다.

(2) 지속가능한 농업

AI는 토양의 상태를 분석하여 최적의 작물 재배 조건을 제시한다. 기후 데이터, 토양 상태 등을 종합적으로 분석하여 작물 수확량을 예측한다. AI 기반 로봇이 정밀한 작물 관리와 수확을 도와준다.

Farmwise라는 스타트업은 AI 기반 로봇을 활용하여 농경지의 잡초를 정확하게 식별하고 제거함으로써 화학 제초제 사용을 크게 줄였다. 이는 환경 보호와 농작물의 품질 향상에 동시에 기여하는 사례이다.

(3) 폐기물 관리

AI 알고리즘은 과거 데이터를 분석하여 폐기물 생산량을 예측한다. AI는 실시간 데이터를 바탕으로 가장 효율적인 폐기물 수집 경로를 설계한다. AI 기반 로봇은 폐기물 흐름에서 재활용 가능한 물질을 정확하게 분류하고 분리한다.

Waste Robotics라는 기업은 AI 기반 로봇을 사용하여 폐기물 흐름에서 재활용 가능한 물질을 자동으로 분류하고 분리하는 시스템을 개발했다. 이를 통해 재활용률을 높이고 폐기물 처리 비용을 절감하는 효과를 거두고 있다.

(4) 기후 변화 대응

AI 모델은 복잡한 기후 데이터를 분석하여 더 정확한 기후 변화 예측을 가능하게 한다. AI 시스템은 실시간으로 온실가스 배출을 모니터링하고 분석한다. AI는 다양한 시나리오를 분석하여 효과적인 기후 변화 적응 전략을 수립하는 데 도움을 준다.

IBM Watson은 날씨 패턴 및 기후 변화 영향을 이해하고 예측하는 데 활용되고 있다. 이를 통해 기업과 정부는 기후 변화에 따른 리스크를 더 잘 관리하고 대응 전략을 수립할 수 있다.

(5) 생물 다양성 보존

AI는 이미지와 음성 데이터를 분석하여 야생동물의 개체 수와 분포를 추적할 수 있다. 위성 이미지와 센서 데이터를 AI로 분석하여 서식지 변화를 감지한다. 또한, AI 시스템은 밀렵이나 불법 벌목 등의 활동을 탐지하는 데 활용된다.

Conservation International은 AI 알고리즘을 사용하여 생물 다양성 데이터를 분석하고 생태계 변화를 추적하고 있다. 이를 통해 보호가 필요한 지역을 식별하고 효과적인 보존 전략을 수립할 수 있다.

기타 AI 기술을 활용한 환경 분야의 혁신 분야로 센서, 계량기 등의 데이터 분석을 통한 스마트그리드, 물의 사용량, 품질, 가용성에 대한 데이터 분석을 통한 물 관리 등을 들 수 있다.

이와 같이 AI 기술은 환경 분야의 다양한 문제를 해결하는 데 큰 잠재력을 가지고 있다. 그러나 AI 시스템 자체의 에너지 소비와 환경 영향도 고려해야 하므로 AI를 활용한 환경 혁신은 항상 지속가능성을 염두에 두고 추진되어야 한다.

5. AI를 활용한 사회(S) 분야 혁신

(1) 포용적 기술을 통한 사회적 격차 해소

AI는 교육, 의료, 금융 분야에서 맞춤형 서비스를 제공하여 접근성을 높이고 사회적 격차를 해소한다. 예를 들어, AI 기반 교육 플랫폼은 개인화된 학습 경험을 제공하고, AI 원격 진료 시스템은 의료 서비스 접근성을 개선한다.

(2) 공급망 투명성 제고

AI와 IoT 기술을 결합하여 공급망의 실시간 추적과 모니터링이 가능해졌다. AI는 공급망 데이터를 분석하여 잠재적 문제를 예측하고, 지속가능성을 평가한다. 이를 통해 기업은 더 투명하고 윤리적인 공급망을 구축할 수 있다.

(3) 인권과 노동권 보호

AI는 작업장 안전 개선, 차별 방지, 강제 노동 탐지 등에 활용된다. 예를 들어, AI 알고리즘은 작업장 데이터를 분석하여 안전 위험을 예측하고, 채용 과정에서의 편견을 최소화하는 데 도움을 준다.

6. AI를 활용한 지배구조(G) 분야 혁신

(1) 경영 의사결정의 투명성과 책임성 강화

AI는 방대한 데이터를 분석하여 객관적인 인사이트를 제공하고, 의사결정 과정을 자동으로 기록한다. 이를 통해 기업의 의사결정 과정이 더욱 투명해지고 책임성이 강화된다.

(2) 리스크 관리와 사이버 보안

AI는 데이터 패턴을 분석하여 잠재적 리스크를 조기에 발견하고, 사이버 공격을 탐지하는 데 활용된다. AI 시스템은 실시간으로 리스크를 모니터링하고 자동으로 대응 조치를 실행할 수 있다.

(3) 기업 윤리 및 반부패

AI는 복잡한 윤리적 상황을 분석하여 의사결정을 지원하고, 금융 거래 데이터를 분석하여 잠재적 부패 행위를 식별한다. 또한, AI 시스템은 기업의 윤리 관련 성과를 자동으로 집계하고 공시하는 데 활용이 가능하다.

이러한 AI 활용은 기업의 사회적 책임과 지배구조를 크게 개선할 수 있지만, 동시에 AI 시스템 자체의 윤리적 사용에 대한 새로운 과제도 제기한다. 따라서 기업은 AI 도입 시 적절한 거버넌스 체계를 함께 구축해야 한다.

7. ESG 데이터 관리와 표준화

(1) ESG 데이터 수집 및 분석 방법

ESG 데이터의 효과적인 수집과 분석은 기업의 지속가능성 전략 수립과 실행에 핵심적인 역할을 한다. AI 기술은 이 과정을 더욱 효율적이고 정확하게 만든다. 데이터 수집 방법에는 다음과 같은 것들이 있다.

자동화된 데이터 추출

AI는 기업의 내부 시스템, 보고서, 이메일 등에서 자동으로 ESG 관련 데이터를 추출한다.

IoT 센서

스마트 센서는 에너지 사용량, 폐기물 발생량 등의 환경 데이터를 실시간으로 수집한다.

웹 스크래핑

AI 알고리즘은 웹사이트, 소셜 미디어 등에서 ESG 관련 외부 데이터를 수집한다. 웹 스크래핑을 쉽게 할 수 있는 AI 도구로 Beautiful Soup, Scrapy, Selenium, Listly, Octoparse, Parsehub 등이 있다.

설문 조사

AI 챗봇은 직원, 고객 등 이해관계자를 대상으로 ESG 관련 설문을 수행한다. 설문지를 설계하고 배포하는 경우에도 AI를 활용할 수 있는데 모아폼(Moaform)은 AI 설문 만들기 기능을 통해 설문지 자동 작성 및 설문 URL까지 동시에 제공하고 있다. 챗GPT를 이용하여 설문지를 만든 후 구글 폼에 옮기기 위해서는 구글 앱스 스크립트(Apps Script)와의 연동이 필요하다.

수집된 데이터를 분석하는 방법으로는 아래와 같은 AI 기술을 활용할 수 있다.

머신러닝 기반 패턴 인식

AI는 대량의 ESG 데이터에서 의미 있는 패턴과 트렌드를 식별한다.

자연어 처리(NLP)

AI는 텍스트 데이터를 분석하여 ESG 관련 인사이트를 추출한다.

예측 분석

AI 알고리즘은 과거 데이터를 기반으로 미래의 ESG 성과를 예측한다.

시각화

AI는 복잡한 ESG 데이터를 이해하기 쉬운 그래프(차트)로 시각화한다.

생성 AI 중 고급 데이터 분석 기능이 특히 뛰어난 것은 챗GPT 유료 버전이다. 챗GPT는 사용자가 자연어로 지시어를 입력하면 파이썬 코드를 생성하여 데이터 분석을 수행할 수 있다. 이를 통해 사용자들은 코딩에 대한 전문 지식이 없어도 간단한 명령어 지시만으로 복잡한 데이터 분석 작업을 수행할 수 있다.

(2) ESG 지표 데이터 표준화

ESG 데이터의 표준화는 기업 간 비교 가능성을 높이고 투자자들의 의사결정을 돕는 중요한 과제다. 롯데, 포스코 그룹 등 여러 기업 및 기관에서 이를 위해 노력하고 있다.

AI 기술을 활용한 ESG 데이터 플랫폼은 데이터의 수집, 분석, 보고 과정을 자동화하고 고도화할 수 있는데, 국내 사례로 누빅스의 VCP-X(Value Chain Platform-X)을 들 수 있다. 누빅스의 플랫폼은 앞서 설명한 디지털ESG얼라이언스에서 핵심적인 역할을 하는 표준 기술 기반의 기업 간 데이터 호환 플랫폼으로 디지털 LCA(Life Cycle Assessment, 생애주기 평가)를 제공한다. 공급망 전체의 탄소 발생 정보를 분석하여 스코프 3 배출량 대응이 가능한 세계 최초의 구독형 솔루션이다.

ESG 데이터 관리와 표준화는 기업의 지속가능경영을 위한 핵심 과제다. AI 기술은 이 과정을 더욱 효율적이고 정확하게 만들어 주지만, 동시에 데이터의 품질, 보안, 윤리적 사용 등 새로운 과제도 제기한다. 따라서 기업은 AI 기반 ESG 데이터 관리 시스템을 도입할 때, 이러한 이슈들을 종합적으로 고려해야 한다. 또한, 글로벌 표준과의 정합성을 유지하면서도 자사의 특성을 반영할 수 있는 유연한 시스템을 구축하는 것이 중요하다.

아직 ESG 경영의 준비가 미흡한 중소기업의 입장에서는 우선 관련 데이터를 기록하고 관리하는 것이 중요하다. 예를 들면 에너지원(전기, 가스, 법인 차량용 유류 등) 식별에 따른 원 단위 사용량 측정 및 기록 관리, 온실가스 배출량 산정 및 기록 관리를 위해 매월 엑셀에 기록하는 것부터 시작해도 충분하다. 단, 에너지 절감, 온실가스 배출 절감 등의 연간 목표를 정하고 성과 관리하는 것이 수반되어야 할 것이다. 향후 지속가능보고서 공시에 대응하기 위한 중소기업이라면 보고서 항목에 포함되는 다양한 ESG 관련 데이터를 축적할 필요가 있다. 일반적으로 지속가능보고서는 최근 3년치의 관련 데이터를 정리하여 제시하기 때문이다.

8. AI로 인한 지속가능성 위험과 대응 방안

AI는 지속가능성의 발전에 큰 기여를 하지만 거꾸로 지속가능성에 위험을 주는 요소로 작용하기도 한다. 이에 대한 이슈 및 대응 방안을 알아보자.

(1) 에너지 소비와 전자 폐기물 문제

AI 시스템의 운영과 학습에는 상당한 에너지가 필요하다. 생성형 AI는 검색엔진 대비 4~5배 많은 에너지 소비 및 온실가스 배출을 유발

한다고 한다. 또한, AI 기술의 발전은 새로운 하드웨어의 수요를 증가시켜 전자 폐기물 문제를 악화시킬 수 있다. 그러므로 에너지 효율적인 AI 알고리즘 개발, 재생 에너지를 활용한 AI 시스템 운영 확대, AI 하드웨어의 수명 주기를 고려한 설계와 재활용 체계의 구축이 필요하다.

(2) 편견과 차별, 개인정보 보호 이슈

AI 시스템이 편향된 데이터로 학습될 경우 의사결정 과정에서 차별을 야기할 수 있다. 또한, AI의 데이터 처리 과정에서 개인정보 보호 문제가 발생할 수 있다. 이를 해결하기 위해서는 AI 시스템의 학습 데이터와 알고리즘에 대한 지속적인 편향성 검토가 필요하며, 개인정보 보호를 위한 암호화 기술과 익명화 기술을 적극 활용해야 한다. 또한, AI 윤리 가이드라인을 수립하고 이를 준수하는 문화가 필요하다.

(3) 일자리 대체 문제

AI 기술의 급속한 발전으로 인한 일자리 대체 우려가 현실화되고 있다. 골드만삭스는 인공지능이 앞으로 정규직 일자리 3억 개를 대체할 수도 있다는 충격적인 내용의 보고서를 발표한 바 있다. 이는 전 세계 노동 시장에 큰 변화를 예고하는 것으로, 개인과 기업, 그리고 사회 전체가 이에 대한 준비가 필요함을 시사한다. 이러한 도전에 대응하기 위해 다음과 같은 방안들을 고려해 볼 수 있다.

첫째, AI와 인간의 협업을 강조하는 직무 재설계를 고려해 볼 수 있다. AI의 장점과 인간의 창의성, 감성 지능을 결합한 새로운 직무 모델을 개발하여, AI와 인간이 상호보완적으로 일할 수 있는 환경을 조성할 필요가 있다.

둘째, 급변하는 기술 환경에 적응할 수 있도록, 기업과 정부 차원에서 지속적인 재교육과 역량 개발 기회를 제공해야 할 것이다.

(4) AI 기술 의존도 심화

AI 기술의 급속한 발전과 광범위한 적용으로 인해 기업과 개인의 AI 기술 의존도가 심화되고 있다. 이는 의사결정, 업무 수행, 일상생활 등 다양한 영역에서 AI에 과도하게 의존하는 현상을 초래하고 있다. 이러한 AI 의존도 심화는 인간의 독립적 사고 능력과 판단력을 약화시킬 수 있으며, AI 시스템의 오류나 편향이 미치는 영향이 더욱 커질 수 있는 위험을 내포하고 있다.

이에 대한 대응 방안으로 AI 리터러시 교육 강화를 통해 AI를 보다 비판적이고 효과적으로 활용할 수 있도록 해야 하며, 중요한 의사결정 과정에서 AI의 제안을 검토하고 최종 결정을 내리는 인간 전문가의 역할을 명확히 정의하고 강화할 필요가 있다. 또한, 모든 프로세스를 AI에 의존하지 않고, 인간 중심의 대안적 방법을 병행하여 시스템의 다양성과 유연성을 유지할 필요가 있다.

9. AI와 ESG 융합: 기업경영의 새로운 지평

우리는 지금 기업경영의 패러다임이 크게 변화하는 시대에 살고 있다. 인공지능(AI)과 ESG라는 두 가지 강력한 트렌드가 합쳐져 기업의 미래를 재편하고 있다. 이 둘의 결합은 단순한 기술혁신이나 윤리경영의 차원을 넘어, 기업의 지속가능성과 경쟁력을 근본적으로 변화시키는 새로운 힘으로 작용하고 있다.

AI와 ESG의 융합은 기업들에게 장기적 가치 창출과 효과적인 리스크 관리라는 두 마리 토끼를 잡을 수 있는 기회를 제공한다. 데이터에 기반한 ESG 전략 수립과 의사결정은 경영의 과학화를 실현하며, 이해관계자와의 협력을 통한 ESG 가치 창출은 사회적 신뢰를 구축한다. 더불어 지속가능한 공급망 관리와 자원 효율성 제고는 기업의 회복 탄력성을 강화하고, 기후 변화 대응과 순환경제 구축 등 환경 문제 해결에 기여함으로써 새로운 시장 기회를 창출할 수 있다.

앞으로 AI와 ESG의 융합은 더욱 가속화되어 기업경영의 핵심 패러다임으로 자리를 잡을 것이다. AI 기술을 활용한 ESG 성과의 측정, 모니터링, 예측이 더욱 정교해질 것이며, ESG 가치 창출을 위한 AI 기술의 개발과 활용도 확대될 것이다. 이를 통해 새로운 비즈니스 기회와 혁신이 지속적으로 창출될 것이며, 규제 당국과 이해관계자들의 AI와 ESG 융합 경영에 대한 기대와 요구도 더욱 높아질 것이다.

그러나 이러한 변화가 성공적으로 이루어지기 위해서는 기술적 혁신뿐만 아니라 윤리적, 사회적 고려사항에 대한 지속적인 관심과 노력이 필요하다. AI와 ESG의 융합은 기업의 지속가능한 성장과 사회적 가치 창출을 동시에 추구할 수 있는 강력한 도구를 제공하지만, 그 과정에서 발생할 수 있는 새로운 도전과제들에 대해서도 철저히 준비해야 한다.

결국, AI와 ESG의 융합은 기업경영의 새로운 표준이 되어, 지속가능한 미래를 위한 혁신적인 솔루션을 제공할 것이다. 이는 단순한 트렌드가 아닌, 우리 모두의 더 나은 미래를 위한 필수적인 여정이 될 것이다. 이제 기업들은 이 새로운 패러다임을 어떻게 받아들이고 활용할 것인지에 대해 깊이 고민하고 준비해야 할 때다.

[참고문헌]

- 김태원(2023b), ChatGPT와 생성 AI가 가져올 문화예술의 미래
- 김성민 기자, '골드만삭스, AI가 직업 3분의 2에 영향 미칠 것, 조선경제, 2023.03.28.
- 최재규 기자, '必환경에 주목, 전환점 맞은 환경규제 디지털 LCA가 묘수', 헬로티, 2024.06.21.
- Conservation International 홈페이지(https://www.conservation.org)
- Farmwise 홈페이지(https://farmwise.io)
- GE 홈페이지(https://www.ge.com)
- Google research 홈페이지: Responsible AI(https://research.google/teams/responsible-ai)
- IBM 홈페이지: What is responsible AI? (https://www.ibm.com/topics/responsible-ai)
- IDX blog: How responsible ai will change ESG?(https://www.idx.inc/blog/corporate-communications/how-responsible-ai-will-change-esg)
- Meta Blog: Facebook's five pillars of Responsible AI(https://ai.meta.com/blog/facebooks-five-pillars-of-responsible-ai)
- Wasterobotics 홈페이지(https://wasterobotic.com)
- 8 Ways Artificial Intelligence Can Contribute to Environmental Conservation by LiciaGenghini, Oct 3, 2023, Climate change, Global phenomena, Impact, Sustainability.

[저자소개]

이현구 LEE HYEON KOO

학력
- 호서대 벤처대학원 정보경영학 박사 졸업
- 한국방송통신대 경영대학원 경영학 석사 졸업
- 서울대 환경대학원 환경계획학 석사 졸업
- 연세대 경영학 학사 졸업

경력
- 현) 강남대 산학협력단 부교수
- 현) AI융합비즈니스포럼 회장
- 현) 부천도시공사 ESG 경영위원
- 현) 인천창조경제혁신센터 전문위원
- 전) 삼성전자 무선사업부 전략마케팅실
- 전) 삼성경제연구소 컨설팅실

자격
- 경영지도사

- ISO45001 인증심사원
- ESG보고서 검증원

저서

- 《신중년 도전과 열정 2021》, 공저, 브레인플랫폼, 2021.
- 《정부·지자체의 창업지원금 및 지원제도의 모든 것》, 공저, 브레인플랫폼, 2022.
- 《AI 메타버스 시대 ESG 경영전략》, 공저, 브레인플랫폼, 2022.
- 《챗GPT AI로 데이터분석 마스터하기》, 공저, 디즈비즈북스, 2023.
- 《미래 유망 일자리 전망》, 공저, 브레인플랫폼, 2023.
- 《챗GPT 활용 선거 홍보 전략》, 공저, 미디어북, 2024.
- 《챗GPT 활용의 정석》, 공저, 브레인플랫폼, 2024.

3장

김현희

디지털 ESG 코리아: 3X 융합 LCA로 탄소중립 글로벌 표준 선점

1. 디지털 전환, ESG 경영 및 탄소중립 실현의 핵심

(1) ESG와 탄소중립, 지속가능한 미래를 위한 필수 과제

ESG(환경, 사회, 지배구조)와 탄소중립은 현대 기업경영의 핵심 가치로 부상했다. ESG는 기업의 환경적 영향, 사회적 책임, 지배구조의 투명성을 포괄적으로 평가하는 지표이며, 단순한 윤리적 의무를 넘어 기업의 장기적인 생존과 성장을 위한 필수적인 요소로 인식되고 있다. 탄소중립은 지구 온난화를 막기 위해 탄소 순 배출량을 '0'으로 만드는 것을 목표로 한다. 이는 미래 세대를 위한 우리의 책임이며, 동시에 기업에게는 새로운 성장 동력을 창출할 수 있는 기회이기도 하다.

기후 변화의 심각성이 날로 심화되고, 환경 문제에 대한 사회적 관심이 높아짐에 따라 기업들은 ESG와 탄소중립 목표 달성에 대한 책임감을 더욱 강화해야 한다. ESG 경영은 기업의 지속가능성을 위한 필수적인 과제이며, 투자자와 소비자의 신뢰를 확보하고, 법적 규제를 준수하며, 긍정적인 기업 이미지를 구축하는 데 기여한다. 탄소중립은 기업의 지속가능성을 위한 필수적인 과제이며, 미래 세대를 위한 책임이다. 또한, 탄소중립을 위한 노력은 에너지 효율성 향상, 혁신적인 기술 개발, 새로운 시장 창출 등 다양한 분야에서 기업에게 새로운 기회를 제공할 수 있다.

(2) 디지털 전환, ESG 경영의 효율성 극대화

　디지털 전환은 ESG 경영을 효율적으로 실현하는 데 핵심적인 역할을 한다. 디지털 기술을 통해 ESG 데이터를 실시간으로 수집하고 분석하여 환경 영향을 정확하게 평가하고 관리할 수 있다. 예를 들어, IoT(사물인터넷) 센서는 에너지 사용량, 폐기물 발생량, 온실가스 배출량 등 다양한 환경 데이터를 실시간으로 수집하여 기업이 환경 영향을 정확하게 파악하고 개선할 수 있도록 돕는다. 이러한 데이터는 기업이 ESG 목표를 설정하고 성과를 측정하는 데 중요한 기반이 된다.

　AI(인공지능)는 방대한 ESG 데이터를 분석하여 패턴을 파악하고 미래를 예측함으로써 기업이 ESG 전략을 수립하고 실행하는 데 도움을 줄 수 있다. 예를 들어, AI는 에너지 사용 패턴을 분석하여 에너지 효율성을 높이는 방안을 제시하거나 공급망에서 발생하는 환경 문제를 예측하고 사전에 대응할 수 있도록 지원한다. 블록체인 기술은 ESG 데이터의 투명성과 신뢰성을 높여 기업의 ESG 정보 공개를 더욱 효과적으로 만들 수 있다. 블록체인 기반의 ESG 정보 공개 플랫폼은 데이터 위변조를 방지하고 정보의 신뢰성을 높여 투자자와 소비자에게 투명하고 정확한 ESG 정보를 제공할 수 있다.

(3) 디지털 기술, 탄소중립 실현의 핵심 도구

디지털 기술은 탄소중립 목표를 달성하는 데에도 필수적인 역할을 한다. 에너지 관리 시스템, 스마트 팩토리, 스마트 그리드 등 다양한 디지털 기술은 에너지 효율성을 높이고 탄소 배출량을 감소시키는 데 기여한다. 예를 들어, AI 기반 에너지 관리 시스템은 건물의 에너지 사용 패턴을 분석하여 에너지 낭비를 줄이고 효율성을 극대화할 수 있다. 이는 건물의 에너지 비용을 절감할 뿐만 아니라 탄소 배출량 감소에도 기여한다. 스마트 팩토리는 생산 공정을 자동화하고 최적화하여 에너지 소비를 줄이고 탄소 배출량을 감소시킨다. 또한, 생산 과정에서 발생하는 폐기물을 줄이고 자원을 효율적으로 활용하여 환경 영향을 최소화한다.

스마트 그리드는 전력망을 지능화하여 에너지 생산과 소비를 효율적으로 관리하고, 재생에너지 사용을 확대하여 탄소중립 목표 달성에 기여한다. 스마트 그리드는 실시간으로 전력 수요와 공급을 예측하고 조절하여 에너지 낭비를 줄이고, 태양광, 풍력 등 재생에너지의 불안정한 발전량을 효과적으로 관리하여 안정적인 전력 공급을 가능하게 한다.

(4) 글로벌 ESG 트렌드와 대한민국의 선도적 역할

전 세계적으로 ESG 경영은 기업의 지속가능성을 위한 필수 요소로 자리 잡았으며, 특히 공급망 실사와 탄소국경세 등 최신 ESG 이슈는 기업경영에 큰 영향을 미치고 있다. 유럽연합(EU)은 공급망 실사 의무화를 추진하며 기업의 인권 및 환경 책임을 강화하고 있으며, 탄소국경세 도입을 통해 탄소 배출량이 높은 제품에 대한 규제를 강화하고 있다. 이러한 움직임은 글로벌 기업의 ESG 경영 전략을 재편하는 중요한 계기가 되고 있다.

대한민국은 세계적인 디지털 기술 경쟁력을 바탕으로 ESG 경영을 선도하고 글로벌 ESG 이슈에 적극적으로 대응하고 있다. 정부는 '2050 탄소중립' 목표를 달성하기 위해 '한국형 녹색분류체계(K-택소노미)'를 마련하고 ESG 정보 공개 의무를 확대하는 등 ESG 경영 기반을 강화하고 있다. 기업들은 공급망 실사를 통해 ESG 리스크를 관리하고 탄소 배출량 감축을 위한 노력을 강화하며 탄소국경세 등 글로벌 규제에 선제적으로 대응하고 있다.

디지털 기반 탄소중립 지원 체계

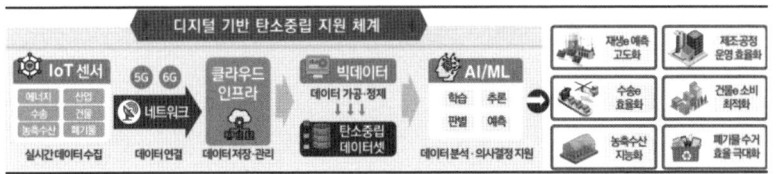

(출처: 디지털 전환을 통한 탄소중립 촉진 방안, 2023.11.23. 관련 부처 합동)

(5) 디지털 전환을 통한 지속가능한 미래 구축

디지털 전환은 ESG 경영 목표 달성과 글로벌 ESG 이슈 대응을 위한 핵심 동력이다. 디지털 기술은 ESG 데이터 관리, 공급망 실사, 탄소 배출량 측정 및 감축 등 다양한 측면에서 기업의 지속가능한 경영을 지원한다. 대한민국은 세계적인 디지털 기술 경쟁력을 바탕으로 ESG 경영을 선도하고 글로벌 ESG 이슈에 효과적으로 대응하며 지속가능한 미래를 구축할 수 있다. 디지털 전환을 통해 기업은 ESG 경영을 강화하고 글로벌 경쟁력을 확보하며 지속가능한 성장을 이루어 낼 수 있다. 이는 대한민국이 글로벌 ESG 리더로 도약하고 지속가능한 사회를 구축하는 데 중요한 역할을 할 것이다.

2. AI와 디지털 기술, 탄소중립 실현의 주역

(1) 에너지 효율성 극대화 및 재생에너지 통합 솔루션

탄소중립은 에너지 효율성을 극대화하고 재생에너지를 효과적으로 통합하는 것을 필수 전제로 한다. 이러한 과제를 해결하는 데 있어 AI(인공지능)와 빅데이터는 핵심적인 역할을 수행한다. AI는 에너지 소비 패턴을 정밀하게 분석하고 최적화하여 에너지 낭비를 줄이고 비용 절감을 가능하게 한다. 빅데이터는 방대한 에너지 데이터를 효율적으로로 처리하여 에너지 관리 시스템의 효율성을 극대화하고, 맞춤형 에너지 솔루션을 제공한다.

예를 들어, AI 기반 스마트 에너지 관리 시스템은 건물 내 에너지 사용을 실시간으로 모니터링하고, AI 알고리즘을 통해 최적의 에너지 소비 계획을 수립하여 에너지 낭비를 최소화한다. 또한, AI는 재생에너지의 간헐적이고 불규칙한 공급 문제를 해결하는 데 중요한 역할을 한다. 태양광, 풍력 등 재생에너지 발전량 예측 및 변동성 관리를 통해 에너지 시스템의 안정성을 확보하고 효율적인 에너지 운영을 가능하게 한다. 국내 주요 기업들은 이미 AI 기반 에너지 관리 시스템을 도입하여 에너지 효율성을 높이고 탄소 배출량을 감축하는 성과를 거두고 있다.

(2) AI 기반 스마트 그리드, 지능형 전력망 시대 개막

AI 기반 스마트 그리드는 전력망을 지능화하여 에너지 생산과 소비를 효율적으로 관리하는 시스템이다. AI는 실시간 전력 수요 예측, 재생에너지 발전량 모니터링, 전력 공급 최적화를 통해 전력망의 안정성을 높이고 탄소 배출을 최소화한다. 한국전력공사는 AI 기반 스마트 그리드 시스템을 도입하여 실시간 데이터 분석을 통해 에너지 효율성을 극대화하고 있다. 이 시스템은 전력 소비 패턴을 분석하여 최적의 전력 분배 계획을 수립하고, 에너지 저장 시스템과 연동하여 에너지 효율성을 더욱 높인다.

또한, AI는 재생에너지의 간헐성 문제를 해결하여 전력망 안정성을 유지하는 데 중요한 역할을 한다. 태양광이나 풍력과 같은 재생에너지는 기상 조건에 따라 발전량이 변동되는 특성이 있다. AI는 이러한 변동성을 예측하고, 에너지 저장 시스템과 연동하여 전력 공급을 안정적으로 유지한다. 이는 재생에너지 확대에 따른 전력망 불안정 문제를 해결하고, 탄소 중립 목표 달성에 기여한다.

(3) 데이터 기반 의사결정, 탄소중립 실현의 핵심 전략

탄소중립 목표 달성을 위해서는 정확하고 신뢰성 있는 데이터에 기반한 의사결정이 필수적이다. 빅데이터와 AI는 방대한 양의 데이터를 분석하여 탄소 배출량 감축을 위한 최적의 방안을 도출하고, 의사결정의 효율성을 높인다. 제조업에서는 AI를 활용하여 생산 공정에서 발생하는 탄소 배출을 실시간으로 모니터링하고, 탄소 배출량 감축을 위한 최적의 운영 방안을 제시한다. 또한, AI 기반 공급망 관리 시스템은 제품의 생산부터 유통, 소비에 이르는 전 과정을 추적하여 탄소 발자국을 최소화하는 공급망 구축을 지원한다.

(4) 에너지 효율적인 디지털 인프라 구축, 지속가능 성장의 기반

탄소중립을 실현하기 위해서는 에너지 효율적인 디지털 인프라 구축이 필수적이다. 저전력 데이터 센터는 AI 기반 냉각 시스템과 에너지 관리 시스템을 통해 전력 소비를 최소화하고, 재생에너지를 활용하여 운영함으로써 탄소중립 목표 달성에 기여한다. IoT(사물인터넷)와 스마트 센서 네트워크는 실시간 데이터 수집 및 분석을 통해 에너지 관리 효율성을 높이고 탄소 배출량을 감축한다. 스마트 빌딩과 스마트 도시는 IoT 기술을 활용하여 에너지 소비를 최적화하고, 자원 낭비를 줄이며, 탄소 배출을 최소화한다.

(5) 블록체인 기술, 투명하고 신뢰성 있는 ESG 경영 실현

블록체인 기술은 데이터의 투명성과 신뢰성을 보장하여 투명하고 신뢰성 있는 ESG 경영을 가능하게 한다. 블록체인 기반 탄소 배출 관리 시스템은 탄소 배출 데이터를 실시간으로 기록하고, 위변조가 불가능한 방식으로 저장하여 기업의 ESG 정보 공개 신뢰도를 높인다. 또한, 공급망 내 모든 참여자가 데이터를 공유하고 검증할 수 있도록 하여 ESG 경영의 투명성을 강화한다.

(6) 디지털 기술, 지속가능한 미래를 위한 핵심 동력

AI와 디지털 기술은 탄소중립 목표 달성과 ESG 경영 실현에 필수적인 역할을 한다. 에너지 효율성 향상, 재생에너지 통합, 데이터 기반 의사결정, 에너지 효율적인 디지털 인프라 구축, 투명한 ESG 보고 등 다양한 분야에서 디지털 기술은 기업의 지속가능한 성장을 지원한다. 대한민국은 세계적인 디지털 기술 경쟁력을 바탕으로 탄소중립 목표를 달성하고 ESG 경영을 선도하여 지속가능한 미래를 구축할 수 있다. 혁신적인 디지털 기술을 통해 환경 문제 해결에 기여하고, 사회적 책임을 다하며, 새로운 성장 동력을 창출함으로써 대한민국은 지속가능한 사회를 구축하고 글로벌 경쟁력을 강화할 수 있을 것이다.

3. 디지털 ESG 프레임워크, 지속가능경영을 위한 도구

(1) 디지털 ESG 프레임워크 구축, 데이터 수집 및 관리 체계 확립

디지털 ESG 프레임워크의 핵심은 정확하고 효율적인 ESG 데이터 수집 및 관리 체계에 있다. ESG 데이터는 기업의 환경적, 사회적, 지배구조적 성과를 정량화하고 투명한 보고서 작성의 기반이 되는 필수 요소이다. 다양한 디지털 도구와 플랫폼을 활용하여 ESG 데이터를 수집하고 분석하는 체계적인 접근 방식이 필요하다. IoT 센서와 스마트 장비를 통해 실시간으로 환경 데이터를 수집하고, 중앙 데이터베이스에 저장하여 AI 분석 도구를 통해 처리함으로써 기업의 ESG 성과를 효과적으로 모니터링하고 평가할 수 있다. 또한, 일관된 데이터 관리 시스템은 ESG 관련 데이터의 정확성과 신뢰성을 보장하여 효율적인 보고서 작성을 지원한다.

(2) 실시간 모니터링 및 보고 시스템, ESG 경영의 투명성 제고

실시간 모니터링 시스템은 ESG 성과를 지속적으로 추적하고 문제 발생 시 신속하게 대응할 수 있는 역량을 제공한다. IoT 기술과 빅데이터 분석의 결합은 기업의 환경적 영향을 실시간으로 모니터링하고, 문제 발생 시 즉각적인 조치를 가능하게 한다. 예를 들어, 제조 공정에서 발생하는 탄소 배출량을 실시간으로 모니터링하고 기준치 초과 시 경고를 발령하는 시스템은 기업이 탄소 배출을 효과적으로 관리하고 지속 가능한 운영을 유지하는 데 기여한다. 실시간 보고 시스템은 ESG 성과를 투명하게 공개하여 투자자와 이해관계자들에게 신뢰를 제공하고, 기업이 환경적 영향을 지속적으로 개선할 수 있는 피드백을 제공한다.

(3) ERP 및 CRM 시스템과의 통합, ESG 경영 효율성 증대

ESG 프레임워크는 기존의 ERP(전사적 자원 관리) 및 CRM(고객 관계 관리) 시스템과 통합되어야 한다. 이를 통해 기업의 모든 운영 활동을 ESG 관점에서 통합적으로 관리하고 ESG 성과를 종합적으로 파악할 수 있다. ERP 시스템은 생산, 물류, 재무, 인사 등 기업의 주요 활동을 관리하며, ESG 프레임워크와 통합하여 각 활동의 환경적 영향을 정확하게 측정하고 관리할 수 있다. CRM 시스템은 고객과의 관계를 관리하며, ESG 프레임워크와 통합하여 고객의 ESG 관련 요구와 기대를 파악하고 이를 충족하는 제품 개발 및 마케팅 전략을 수립할 수 있다.

(4) 글로벌 기업의 디지털 ESG 성공 사례, 벤치마킹 모델 제시

ESG 패러다임 확산과 디지털 ESG 개념화

기업	디지털 기술	ESG 달성 주요 내용
MS	AI 데이터 그린SW 클라우드	- E: 폐기물 재활용, HW 재사용, 생태 보존 - S: 장애인 지원, 문화 보전, 물 접근성 제고 - G: 내부 탄소 요금제 시행, 탄소 모니터링 체계 구축
지멘스	온라인 지능화 자동화 데이터	- E: 탈탄소화 추진, 지능형 분산 에너지 솔루션 개발 - S: 교통, 주거, 교육 문제 해결 기여 - G: 온라인 신고 채널 운영, 위법 행위 모니터링 구축
그린소프트웨어 재단	MS 등 11개 기업의 디지털 기술	- 다수의 기업들이 지속가능한 SW 생태계 확산을 위해 비영리 재단 설립 · 기업 간 ESG 협력과 가치 확산 · 에너지 효율성 및 HW 효율성 제고 · SW가 배출하는 탄소량 최소화, 친환경 SW도구 개발 · 탄소 인식 개선 및 지속가능한 미래 조성
삼성SDS	드론 데이터 플랫폼 클라우드	- E: 탄소 배출량 추적 - S: 고객사 ESG 전략 수립 지원 - G: 데이터 기반 ESG 플랫폼 구축, 투명한 지배구조 확립
HD한국조선해양	센서 자동화 데이터 스마트선박	- E: 연료 효율성 개선, 온실가스 배출 감소 - S: 해양사고 감소, 선박 안전성 향상 - G: 데이터 보안, 개인정보 보호

(출처: 소프트웨어정책연구소, 2024.05.)

글로벌 기업들은 이미 디지털 기술을 활용한 ESG 프레임워크를 도입하여 성공적인 성과를 거두고 있다. BASF는 디지털 ESG 시스템을 통해 탄소 배출 데이터를 실시간으로 관리하고 제품의 탄소 발자국을 투명하게 공개하여 높은 ESG 평가를 받고 있다. 마이크로소프트는 AI와 클라우드 기술 기반 탄소 배출 관리 시스템을 구축하여 자사의 탄소 배출을 줄이고, 파트너 기업들에게 ESG 솔루션을 제공하며 탄소중립 목표 달성을 지원한다.

국내 기업들도 디지털 ESG 프레임워크 도입을 통해 혁신적인 성과를 이루고 있다. 삼성전자는 AI와 IoT 기술 기반 에너지 관리 시스템을 통해 제조 공정의 에너지 효율성을 극대화하고 탄소 배출을 감축하고 있다. LG전자는 블록체인 기술 기반 ESG 보고 시스템을 도입하여 데이터의 투명성과 신뢰성을 높이고 있다.

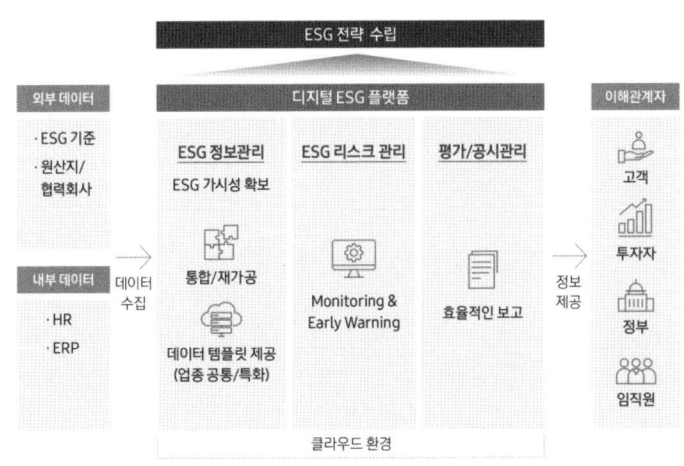

(출처: 삼성 SDS지속가능경영보고서, 2021.)

(5) 디지털 ESG 프레임워크, 지속가능한 미래를 위한 필수 전략

디지털 ESG 프레임워크는 기업이 ESG 목표를 효율적으로 달성하고 지속가능한 경영을 실현하는 데 중요한 역할을 한다. 정확한 데이터 수집과 실시간 모니터링, ERP 및 CRM 시스템과의 통합, AI와 블록체인 등 첨단 기술 활용은 ESG 경영의 효율성과 투명성을 높이는 핵심 요소이다. 글로벌 및 국내 기업들의 성공 사례는 디지털 ESG 프레임워크의 효과를 입증하며, 이를 통해 대한민국 기업들은 글로벌 ESG 리더로서의 입지를 강화할 수 있다. 디지털 ESG 프레임워크는 기업의 지속가능한 성장을 위한 필수 전략이며, 궁극적으로는 지속 가능한 미래를 만드는 데 기여할 것이다.

4. 디지털 LCA, 환경 규제 대응 및 지속가능경영의 핵심

(1) 디지털 LCA, 제품 생애 주기 환경 영향 평가 및 관리의 혁신

디지털 LCA(Life Cycle Assessment, 생애 주기 평가)는 제품의 생산부터 폐기까지 전 생애 주기에 걸쳐 발생하는 환경 영향을 정량적으로 분석하는 방법론이다. 디지털 LCA는 제품의 탄소 발자국을 정확하게 측정하고, 이를 기반으로 환경 성과 개선 전략을 수립하는 데 필수적인 도구이다. 기업은 디지털 LCA를 통해 제품의 환경 영향을 투명하게 공개하고, 소비자와 투자자에게 신뢰를 제공하며, 지속가능한 경영을 실현할 수 있다. BMW, 애플 등 글로벌 기업들은 이미 디지털 LCA를 도입하여 제품 생산 과정에서 발생하는 탄소 발자국을 분석하고, 이를 줄이기 위한 혁신적인 기술과 전략을 개발하고 있다. 이러한 노력은 기업의 환경적 책임을 다하고 지속 가능한 성장을 이루는 데 기여한다.

(출처 : 디지털 전환을 통한 탄소중립 촉진 방안, 2023.11.23. 관련 부처 합동)

(2) 디지털 LCA, 국제 환경 규제 대응의 핵심 도구

최근 강화되고 있는 국제 환경 규제는 기업들에게 새로운 도전 과제를 제시한다. EU의 디지털 제품 여권(DPP), 배터리법(Battery Regulation), 탄소국경조정제도(CBAM) 등은 제품의 생애 주기에 대한 탄소 발자국 관리를 요구하며, 이에 대한 체계적인 대응이 필요하다. 디지털 LCA는 기업이 이러한 규제에 부합하는 데이터를 확보하고 환경 성과를 개선하는 데 필수적인 역할을 한다. 디지털 LCA를 통해 기업은 제품의 환경 영향을 정확하게 파악하고, 규제 준수를 위한 효과적인 전략을 수립할 수 있다.

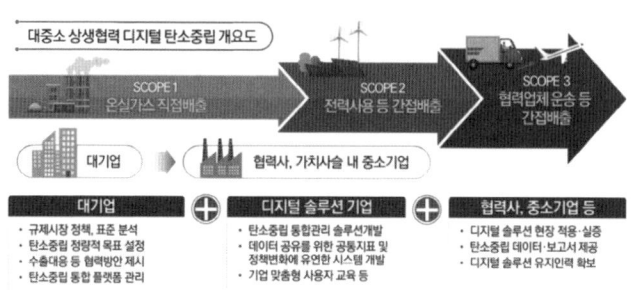

(출처: 디지털 전환을 통한 탄소중립 촉진 방안, 2023.11.23. 관련 부처 합동)

(3) VCP-X 플랫폼, 밸류체인 협력 기반 탄소중립 실현

VCP-X 플랫폼은 클라우드 기반 서비스형 솔루션으로, 제품 생산 기업부터 협력사까지 모든 밸류체인 참여자가 공급망에서 발생하는 탄소 배출 데이터를 통합하고 분석할 수 있도록 지원한다. 이를 통해 기업들은 스코프 1, 2, 3의 탄소 배출 데이터를 효과적으로 관리하고 국제 환경 규제에 효율적으로 대응할 수 있다. VCP-X 플랫폼은 기업 간 데이터 공유를 촉진하여 공급망 전체의 탄소 발자국을 공동으로 관리하고, 탄소중립 목표 달성을 위한 협력을 강화한다.

(4) 스코프 3 관리, 국제 환경 규제 대응의 핵심

국제 환경 규제 대응을 위해서는 기업의 직접적인 탄소 배출(스코프 1, 2)뿐만 아니라 공급망 내에서 발생하는 탄소 배출(스코프 3)까지 관리해야 한다. 이미 많은 국가에서 스코프 3 탄소 배출량 공시를 의무화하고 있으며, 이는 기업들이 공급망 전체의 탄소 발자국을 관리해야 하는 필요성을 강조한다.

디지털 LCA 소프트웨어와 VCP-X와 같은 통합 플랫폼은 탄소 배출 데이터 추적 및 공유를 통해 스코프 3 관리를 효율적으로 지원하며, 기업이 환경 규제에 선제적으로 대응하고 지속 가능한 경영을 실현할 수 있도록 돕는다.

(5) 지속가능한 미래를 위한 데이터 기반 환경 관리 체계 구축

급변하는 글로벌 환경 규제에 효과적으로 대응하고 지속가능한 성장을 이루기 위해서는 데이터 기반의 환경 관리 체계 구축과 디지털 전환이 필수적이다. 기업들은 디지털 LCA, VCP-X 플랫폼 등 혁신적인 디지털 기술을 적극적으로 도입하여 환경 데이터를 체계적으로 관리하고 분석해야 한다. 이를 통해 기업은 국제 환경 규제를 준수하고, 환경 성과를 개선하며, 글로벌 시장에서의 경쟁력을 확보할 수 있다.

디지털 LCA와 VCP-X 플랫폼은 기업이 국제 환경 규제에 효과적으로 대응하고 지속가능한 경영을 실현하는 데 필수적인 도구이다. 디지털 기술을 활용한 탄소 발자국 관리는 ESG 목표 달성의 핵심이며, 기업의 경쟁력 강화와 지속가능한 성장을 위한 필수 전략이다. 대한민국은 디지털 기술을 선도적으로 도입하여 글로벌 ESG 리더로서의 입지를 강화하고, 지속가능한 미래를 선도할 수 있을 것이다.

5. 대한민국의 디지털 ESG & 탄소중립 플랫폼 구축과 글로벌 표준화 전략

(1) 지속가능한 미래를 위한 핵심 인프라

대한민국은 혁신적인 디지털 기술을 기반으로 ESG(환경, 사회, 지배구조)와 탄소중립 목표 달성을 위한 핵심 인프라로서 '디지털 ESG & 탄소중립 플랫폼' 구축에 박차를 가하고 있다. 이 플랫폼은 단순한 데이터 저장소를 넘어, 다양한 이해관계자들이 ESG 관련 데이터를 실시간으로 공유하고 분석하며, 이를 기반으로 의사결정을 내릴 수 있는 협력적 생태계를 조성하는 것을 목표로 한다.

(2) 플랫폼의 핵심 기능 및 역할

1) 데이터 통합 및 분석 플랫폼

기업, 정부, 학계, 시민사회 등 다양한 주체들이 생성하는 ESG 관련 데이터를 표준화된 형태로 통합하고, AI 및 빅데이터 기술을 활용하여 심층적인 분석을 수행한다. 이를 통해 탄소 배출량, 에너지 효율성, 사회적 영향 등 다양한 ESG 지표를 실시간으로 모니터링하고, 객관적인 평가를 가능하게 한다.

2) 사용자 맞춤형 ESG 정보 제공

기업 경영진, 투자자, 정책 입안자, 소비자 등 다양한 이해관계자들에게 맞춤형 ESG 정보를 제공한다. 직관적인 대시보드, 보고서, 알림 기능 등을 통해 ESG 성과를 쉽게 파악하고, 필요한 정보에 빠르게 접근할 수 있도록 지원한다.

3) 글로벌 접근성 및 호환성 확보

국제 표준을 준수하여 구축된 플랫폼은 국내 ESG 데이터를 해외에 공유하고, 해외 ESG 데이터를 국내에서 활용할 수 있는 글로벌 호환성을 보장한다. 다국어 지원 및 데이터 연동 기능을 통해 국제 협력을 강화하고, 글로벌 ESG 생태계 조성에 기여한다.

4) 글로벌 표준화 추진 전략: ESG 리더십 확보를 위한 필수 과제

ESG 경영의 중요성이 전 세계적으로 부각되면서, ESG 데이터 공개 및 평가에 대한 표준화 필요성이 증대되고 있다. 대한민국은 세계 최고 수준의 ICT 인프라와 혁신적인 디지털 기술을 바탕으로 글로벌 ESG 표준화를 선도할 수 있는 최적의 조건을 갖추고 있다.

(3) 표준화의 필요성 및 이점

1) 데이터 신뢰성 및 비교 가능성 향상

표준화된 ESG 데이터는 기업 간 비교를 용이하게 하고, 투자자들의 의사결정을 지원하며, ESG 경영의 투명성을 높인다.

2) ESG 경영 효율성 증대

표준화된 지표 및 평가 방법론은 기업들이 ESG 경영 목표를 설정하고 성과를 측정하는 데 효율성을 높여준다.

3) 글로벌 시장 경쟁력 강화

국제 표준에 부합하는 ESG 정보 공개는 해외 투자 유치 및 글로벌 시장 진출에 유리하게 작용한다.

4) 대한민국의 강점 및 기회

① 세계 최고 수준의 ICT 인프라: 뛰어난 디지털 기술력을 바탕으로 혁신적인 ESG 플랫폼 구축 및 운영이 가능하다.
② ESG 경영 선도 기업 다수 보유: 국내 주요 기업들이 ESG 경영을 적극적으로 추진하며, 글로벌 ESG 표준화 논의에 기여할 수 있는 역량을 갖추고 있다.

5) 정부의 적극적인 정책 지원

정부는 ESG 정보 공개 의무화, ESG 투자 활성화 등 다양한 정책을 통해 ESG 경영 확산을 지원하고 있다.

(4) 국제 협력 및 파트너십 전략

1) 국제기구와의 협력 강화

GRI, SASB, TCFD 등 주요 국제기구와의 협력을 통해 글로벌 ESG 표준 논의에 적극적으로 참여하고, 한국의 ESG 경험과 노하우를 공유한다.

2) 해외 ESG 플랫폼과의 연계 추진

해외 주요 ESG 플랫폼과의 데이터 연동 및 상호 인증 체계 구축을 통해 글로벌 ESG 생태계 확장에 기여한다.

3) 민관 협력 강화

정부, 기업, 학계, 시민단체 등 다양한 이해관계자들이 참여하는 ESG 표준화 협의체를 구성하고, 국제 협력을 위한 공동 전략을 수립한다.

디지털 ESG & 탄소중립 플랫폼은 대한민국이 ESG 경영 선도 국가로 도약하고, 지속 가능한 미래를 위한 글로벌 리더십을 확보하는 데 핵심적인 역할을 수행할 것이다. 적극적인 국제 협력과 파트너십을 통해 글로벌 ESG 표준화를 주도하고, 전 세계적인 ESG 경영 확산에 기여하는 것은 대한민국의 미래를 위한 중요한 과제이다.

6. 지속가능한 미래를 위한 로드맵과 혁신 전략

(1) 차세대 기술, ESG 혁신의 엔진

ESG와 탄소중립 목표 달성을 위한 대한민국의 여정은 혁신적인 디지털 기술과 함께 가속화될 것이다. AI, 머신러닝, 스마트 인프라, IoT 등 첨단 기술은 ESG 경영의 새로운 지평을 열고, 지속가능한 미래를 향한 혁신을 이끌 핵심 엔진이다.

1) 차세대 AI 및 머신러닝 기술

AI와 머신러닝은 ESG 데이터 분석 및 예측의 정확성을 획기적으로 높여, 기업들이 ESG 리스크를 효과적으로 관리하고, 환경 영향을 최소화하는 데 기여한다.

예측 분석 모델은 에너지 소비 패턴을 정확하게 예측하여 에너지 효율성을 극대화하고, 머신러닝 알고리즘은 방대한 ESG 데이터를 분석하여 숨겨진 인사이트를 발굴하고 의사결정을 지원한다. AI 기반 스마트 팩토리는 실시간 데이터 분석 및 최적화를 통해 생산 효율성을 높이고 탄소 배출을 최소화하는 지능형 생산 시스템을 구현한다.

2) 스마트 인프라 및 IoT의 발전

스마트 인프라와 IoT는 도시 및 산업 시스템 전반에 걸쳐 에너지 효율성을 높이고 탄소 배출을 줄이는 핵심 인프라이다. 스마트 그리드는 실시간 에너지 데이터 분석을 통해 에너지 공급을 최적화하고, 스마트 빌딩은 IoT 센서를 활용하여 에너지 소비를 자동으로 조절한다. 스마트 도시는 교통, 쓰레기 처리, 수자원 관리 등 다양한 영역에서 IoT 기술을 활용하여 지속 가능한 도시 환경을 조성한다.

3) 지속 가능한 디지털 혁신

ESG 경영의 투명성과 신뢰성을 높이기 위한 디지털 혁신도 가속화되고 있다. 블록체인 기술은 ESG 데이터의 위변조를 방지하고 투명한 정보 공개를 가능하게 하며, 클라우드 컴퓨팅과 빅데이터 분석은 대규모 ESG 데이터를 효율적으로 관리하고 분석하는 데 필수적인 역할을 수행한다. 디지털 트윈 기술은 현실 세계를 가상 공간에 복제하여 ESG 관련 시뮬레이션 및 예측을 가능하게 함으로써 ESG 경영의 효율성을 극대화한다.

(2) 대한민국의 글로벌 리더십 확보 전략

대한민국은 혁신적인 디지털 기술과 ESG 경영에 대한 높은 관심을 바탕으로 글로벌 ESG 리더십을 확보할 수 있는 잠재력을 가진다.

1) 장기 비전 및 목표 설정

정부와 기업은 협력하여 2050 탄소중립 목표 달성을 위한 구체적인 로드맵을 수립하고, ESG 경영 확산을 위한 중장기 전략을 마련해야 한다. ESG 성과 측정 지표 및 평가 기준을 표준화하고, ESG 정보 공개 의무를 강화하여 기업들의 ESG 경영 참여를 유도해야 한다.

2) 글로벌 시장 경쟁력 강화

ESG 관련 기술 개발 및 투자를 확대하여 글로벌 시장을 선도할 수 있는 혁신적인 ESG 솔루션을 개발하고, 해외 시장 진출을 적극적으로 지원해야 한다. 국내 기업들의 ESG 경영 역량을 강화하고, 글로벌 ESG 평가 기관과의 협력을 통해 국제적인 ESG 경쟁력을 확보해야 한다.

3) 정책 지원 및 인센티브 방안

ESG 경영 우수 기업에 대한 세제 혜택, 금융 지원, 정부 조달 우대 등 다양한 인센티브를 제공하고, 탄소 감축 기술 개발 및 상용화를 위한 R&D 투자를 확대해야 한다. ESG 관련 교육 및 컨설팅 지원을 강화하여 기업들의 ESG 경영 역량을 제고하고, ESG 관련 정보 공유 및 협력 플랫폼 구축을 통해 ESG 생태계 활성화를 지원해야 한다.

　대한민국은 디지털 기술과 ESG 경영의 융합을 통해 지속 가능한 미래를 위한 새로운 성장 동력을 창출하고, 글로벌 ESG 리더로 도약할 수 있는 기회를 맞이하고 있다. 혁신적인 기술 개발, 적극적인 국제 협력 그리고 정부의 강력한 정책 지원을 통해 대한민국은 ESG 경영의 글로벌 모범 사례를 만들어 나갈 것이다.

[참고문헌]

- 관계부처 합동_ 탄소중립녹색성장위원회 전체회의 의결안건1, 〈디지털 전환을 통한 탄소중립 촉진방안, 부제 DX/GX(디지털전환/녹색전환) 기반 탄소중립 전략〉, 2023.11.23.
- 머니투데이 언론기사, '강명구 누빅스 부대표, 환경 규제… 디지털 LCA가 묘수', 2024.06.26.
- 헬로T 언론기사, "必환경에 주목, 전환점 맞은 환경규제, 디지털 LCA가 묘수', 2024.06.21.
- 소프트웨어정책연구소 202406이슈, 'ESG패러다임 확산과 디지털 ESG개념화', 2024.06.
- NIPA 글로벌 ICT포털 월간동향리포트 2023년 6월, '글로벌 디지털 탄소중립 추진 방향', 2023.06.
- 탄소중립녹색성장위원회 보도자료, 'AI로 풀어가는 탄소중립, 한국이 주도한다!', 2022.07.06.

[저자소개]

김현희 KIM HYUN HEE

학력

- 광운대 소프트웨어공학 석사, 이학사
- 서울대 환경대학원 환경시민대학 수료
- 중앙대 행정대학원 ESG 공부중
- 평생 공부하고 있는 열정 학생(MKYU 시조새, 굿짹)

경력

- 현) 씨에프씨 탄소중립&ESG경영 컨설팅 전문기업 CEO
- 현) 미국 코야드(마약예방퇴치위원회) 아시아 Advisor
- 현) 한국구매조달학회 이사
- 현) 지구를 지켜라 범국민실천운동본부 연구이사
- 현) 지자체 탄소중립 정책자문위원
- 현) ESG 실천 인플루언서
- 현) 미래비젼개발원 미래비젼강사
- 현) 한국기술개발협회 전문위원
- 현) 정보시스템 감리 전문위원

- 현) 소상공인 상생협력 물물교환 플랫폼 본부장
- 현) 창업진흥원 심사위원
- 현) 공공기관 면접위원
- 현) R&D과제 평가위원
- 현) 정부 및 공공기관 IT용역제안서 평가위원
- 전) 한국지식재산보호원 근무
- 전) 서울특별시 출연기관 근무
- 전) 관정이종환교육재단 근무(1조7천억 원 아시아 최대 장학재단)
- 전) 정보통신부 산하기관 근무
- 전) 상장기업 전산실 근무
- 경기도 ESG선도대학 ESG과정 공부중
- 광명자치대학 기후에너지학과 수료
- 환경부 ESG글로벌공시대응 전문교육 수료
- AI 리더십, Awake Business forum 수료(MKYU)
- 국제공인 정보시스템 보안 전문가(CISSP)
- 국제공인 정보시스템 감사자 (CISA)
- 국제공인 IT서비스관리 전문가(ITIL)
- 국제공인 프로젝트관리 전문가(PMP)
- 기업 R&D 지도사(한국기술개발협회)
- ESG 보고서 검증원(한국사회공헌연구원)
- ESG 전문가(PSR공공가치연구원)
- 지속가능경영보고서 검증전문가(AA1000&한컨설팅)
- ESG 진단평가사(한국사회공헌연구원)
- ESG 인플루언서 1급(엠케이유니버스&연세대학교)
- 탄소중립 기후위기 지도사, 녹색환경 기후변화 지도사(한국생명존중협회)
- ISO14001, 37125, 45001, 9001 심사원
- 스마트워크 SNS마케팅 전문가(K-메타버스)
- ESG 실천커뮤니티 포럼 구성 운영

- 경기도, 서울시, 지방자치, 공공기관 등 탄소중립 강의
- 한국에너지공단, 한국전력 등 ESG 이너셔티브 강의
- 정부 정책 개발 및 분석 전문가
- 정부 및 공공기관 탄소중립 정책수립 및 컨설팅 다수 수행
- 기업 ESG 컨설팅 등 다수 수행
- 고용 일자리 정책 개발 및 평가, 공공기관 CSR 분야 컨설팅

저서
- 《AI시대 ESG경영 전략》, 공저, 브레인플랫폼, 2023.
- 《ESG경영 사례연구》, 공저, 브레인플랫폼, 2024.

수상
- 서울특별시장 희망구매 실천(최우수상) & 창의제안(우수) & 고객만족(최우수상) 등 다수
- ESG 실천커뮤니티 포럼 감사장 수여
- 과학기술정보통신부 SW산업발전 감사장

SNS
- 인스타그램: rootkim7

4장

정기섭

성공적인 DX를 위한 선결 조건, 디지털 리더십

1. 디지털 전환에서의 리더십은 왜 필요한가?

(1) DX란?

1) 지금은 DX 기반 4차 산업혁명 시대

코로나 이후 비대면 시대가 일상화되면서 우리는 글로벌 ICT 시대를 살아가고 있다. 워낙 빠르게 디지털 시대가 진행되고 있어 우리의 현주소를 어떻게 정의해야 할지 난감할 지경이다. 많은 학자들이 현재를 4차 산업혁명 시대라고 규명하고 있다. 잠시 과거의 산업혁명 시대를 짚어보면 다음과 같다.

1차 산업혁명(약 1760~1820년 사이)은 영국 중심으로 증기기관, 방적기 핵심 발명품 바탕으로 면방직 산업이 발전한 '기계화혁명'을 말하며, 2차 산업혁명(1870~1914년 사이)은 독일, 미국 중심으로 전기, 전동기 핵심 발명품 바탕으로 자동차, 중화학, 철강 산업이 발전한 '대량생산혁명'을 일컬으며, 3차 산업혁명(1970년대~)은 미국, 일본 중심으로 컴퓨터, 반도체 핵심 발명품 바탕으로 인터넷, 컴퓨터, 반도체 산업이 발전한 '지식정보혁명' 혹은 '디지털혁명'을 말하는 것이다.

지금의 4차 산업혁명은 2016년 세계경제포럼(World Economic Forum,

WEF)에서 주창된 용어로, 당시 의장이었던 클라우스 슈밥(Klaus Schwab)은 "4차 산업혁명은 디지털혁명인 3차 산업혁명에 기반을 두고 있으며, 디지털, 바이오, 물리학 등의 기존 영역의 경계가 융합하는 기술혁명이다"라고 정의를 내렸다. 특히, 4차 산업혁명은 '초연결성, 초지능화, 융합화'의 핵심 요소를 바탕으로 최근 생성형 AI 확산을 통해 산업구조 및 사회경제적 패러다임을 크게 바꿔나가고 있다. 4차 산업혁명은 바로 디지털 전환 DX 기반 위에서 기존 2차원적인 삶의 지도를 AI, IoT, 로봇, 자율주행, 무인운송, 3D 프린팅, 디지털트윈, 블록체인, VR/AR/XR 등과 같이 3차원의 입체적 디지털 세상 속으로 빠르게 속도를 내고 있는 모습이라고 볼 수 있다.

2) DX는 무엇이며, 정보기술(IT)과 무엇이 다른가?

이러한 4차 디지털 기술 융합 시대에서 각 기업들은 살아남기 위해서, 그리고 경쟁 우위의 포지션을 확보하고자 디지털 트랜스포메이션(Digtial Transformation, DX)을 숙명적으로 전개하고 있다. DX는 새로운 차원으로 발전하기 위한 기업 전반의 Value chain에 걸친 총체적인 디지털 혁신(Digital Innovation)으로 디지털 기술을 활용해 기존의 비즈니스 모델, 프로세스, 조직문화 등을 변화시키는 혁신작업이라고 정의할 수 있다. 예를 들면, MRP 기반 원재료 적기구매 – RPA(Robotic Process Automation) 기반 출하·재고 관리 – 3D프린팅 기반 제품 개발 – 디지털트윈 기반 생산 관리 – AI 기반 상품기획 – CRM 기반 마케팅 – 빅데이터 기반 고객 관리 – 챗봇 24시 고객 응대 – 데이터 기반 의사결정 –

디지털 조직문화 - 기술 융합 기반 새로운 비즈니스 모델과 가치 창출이다. 다시 말해, 기존 아날로그 혹은 IT 기반의 기업 체질을 초연결, 초지능, 융합화의 디지털 요소로 완전하게 바꿔나가는 활동이라고 볼 수 있다.

물론, 기존 IT는 기업의 각 영역에서 업무 자동화, 효율화 관점에서 프로세스를 개선하고 업무 생산성을 높이는 중추적인 역할을 해왔으며, DX의 하드웨어적 Infra 역할을 담당한다. IT 목적은 기업 내부 업무 효율화인 반면, DX는 기업의 전략적 목표 달성을 위한 비즈니스 전반의 디지털 혁신 활동이다. IT는 기업 내부의 시스템과 프로세스에 국한된 영향이라면, DX는 새로운 비즈니스 모델, 고객 가치/경험, 데이터 기반 의사결정, 디지털 조직문화 등에 광범위한 영향을 미친다. IT는 데이터베이스 관리, 네트워크 관리, 클라우드 컴퓨팅 서비스 활용이라면, DX는 AI, IoT, VR, AR, 블록체인, 기계학습 등의 기술 활용이다.

간단하게 이해하자면, IT와 DX는 각각의 역할 속에서 상호보완적 관계이며, DX 내의 IT는 업무 효율성 및 개선에 초점을 두는 반면, DX는 기업 전체의 전략적 변화와 새로운 가치 창출에 초점을 두는 것으로 생각한다면 좀 더 명확히 둘의 개념과 관계를 이해할 수 있지 않을까 본다.

(2) 성공적인 DX의 모습

1) 성공적인 DX의 모습이란?

2017년 맥킨지의 보고서에 따르면, 디지털 전환에 도전하는 기업 중 70%는 실패한다고 한다. 최근 국가적 디지털 전환을 위해 정부기관뿐만 아니라, 산업 현장의 수많은 기업 경영진이 이구동성으로 DX를 전개하려 하는데 실패율이 70%이라면 정말 충격적인 분석 결과이다.

DX의 대표적인 실패 사례로 포드(Ford)의 디지털 전환이 종종 회자된다. 2014년 Mazda에서 포드의 CEO로 합류한 마크 필즈는 디지털 트랜스포메이션을 위해 "우리는 더 이상 자동차 회사가 아니다. 모빌리티 회사다"라는 선언과 함께 '포드 스마트 모빌리티'라는 자회사를 설립하고 기술 혁신에 매진하였으나, 개발과 사업화에서 많은 문제점을 야기하면서 결국 해임되었다. 실패 원인 중의 하나로 협업과 소통 기반의 일하는 방식이 제대로 작동되지 않았다고 지적되고 있다. 단순히 디지털 기술 도입과 디지털 전환에 대한 리더의 의지와 투자만으로는 디지털 전환이 이뤄지지 않음을 알 수 있다.

그렇다면 디지털 전환 DX의 성공적인 모습은 어떤 모습일까?

우선, 성공적인 디지털 전환은 기존 업무를 디지털화하는 것에만 집중하는 것이 아니라, 고객의 입장에서 새로운 가치를 제공하는 것이 매우 중요하다. 아마존은 온라인 서점 데이터를 활용해 새로운 사업 기회를 모색하였고, 스타벅스는 모바일 주문/결제 시스템을 도입해 고객 편의성을 높였다.

둘째, 데이터 기반 의사결정이다. 넷플릭스는 데이터 분석 기반으로 고객 취향을 파악하고 맞춤형 추천 시스템을 구축하여 마케팅과 가격 전략을 수립하였다.

셋째, 디지털 기술 기반 차별화된 사업 모델 구축이다. 롤스로이스는 서비타이제이션(Servitization) 접근으로 기존 제트엔진 판매에서 'Power by the Hour' 계약을 통해 반복적인 수익 창출과 장기적 고객 관계를 구축하였고, 필립스는 디지털 헬스케어 제품과 서비스를 통해 B2C에서 B2B 모델로의 새로운 수익원을 창출하는 데 성공하였다.

더불어, 성공적인 DX의 가장 근간이 되는 모습은 협업과 도전의 조직문화 조성이다. GE는 단순화 전략을 통해 프로세스 간소화 및 협업과 소통을 강화하는 조직문화를 만들었고, 마이크로소프트는 'Growth Mindset' 문화를 바탕으로 실수를 두려워하지 않고 도전할 수 있는 분위기를 조성하였으며, 'One Microsoft' 정신으로 사일로를 허물고 협업을 강화하였다.

성공적인 DX의 모습은 기업이 디지털 기술을 활용하여 비즈니스 모델, 운영 프로세스, 고객 경험, 조직문화를 혁신하여 경쟁력을 크게 향상시키고, 이를 통해 고객 가치 창출과 기업 성과를 높이는 모습이라고 볼 수 있다.

2) 디지털 리더십이 필요한 이유

맥킨지에 이어 BCG 연구조사에서도 DX 추진 노력의 70%가 그 목표를 달성하지 못하였다고 보고한 반면, DX에 성공한 디지털 선도 기업들은 후발 기업들에 비해 1.8배 더 높은 수익 성장률과 두 배 이상의 기업 가치 상승률을 보여주었다고 한다. 성공의 보상은 크지만 실패 확률은 매우 높다는 조사 결과이다. 앞서 설명한 바와 같이, DX는 빠르게 변화하고 있는 디지털 환경 속에서 기업의 생존과 지속 성장을 위한 인적, 물적, 시간적 자원 투입이 매우 크게 요구되는 기업 전반의 변혁 활동이자 체질 개선 노력이다. DX의 방향 제시와 견인 역할이 잘못되는 순간 실패하는 DX의 후폭풍은 엄청나다.

과거 DX를 성공적으로 이끈 스타벅스의 전 CEO 하워드 슐츠 혹은 GE의 전 CEO 제프 이멜트의 디지털 리더십이 종종 회자되는 반면에, 최근 애플은 'AI 지각생'이라는 불명예스러운 꼬리표가 붙은 상태에서 지난 2월에 2014년부터 조 단위의 막대한 개발 투자로 준비해 온 자율주행 전기차 '애플카' 프로젝트를 포기한다고 선언하면서 참여한 2천여 명 인원들을 AI 부문으로 이동시킨다고 발표하였고, 후속 조치로서 OpenAI와 협업 바탕의 AI 전략을 뒤늦게나마 공개하였다.

성공적인 DX 모습을 구현하기 위해서는 전사 차원에서의 비전 제시, 막대한 투자, 일하는 방식의 변화, 조직문화까지의 근본적 혁신이 필요하다. 이것은 개인 차원에서 벗어나 조직 차원에서 그리고 경영진 Top-down식 지원과 주도적인 참여 없이는 추진될 수 없는 사안들이다. DX에서의 리더십, 즉 디지털 리더십은 DX의 성공 조건이자 선결 과제임이 명확한 명제이며, 이미 많은 국내외 기업 사례들로부터 검증되어 온 팩트임을 알 수 있다.

2. 리더십의 변천

(1) 리더십이란?

리더십을 발휘하는 리더는 특정 목표를 향해 사람들을 이끄는 개인을 의미하며, 리더는 명확한 비전과 목표를 설정하고, 팀이 이를 달성할 수 있도록 동기를 부여하고 방향을 제시하는 개인이라고 정의를 내린다면, 리더십 정의에 대해서는 연구자별로 다양하게 정의되고 있다. Rauch & Behling(1984)는 "리더십은 목표를 성취하도록 조직화된 집단의 활동에 영향을 미치는 과정이다", Drath & Pauls(1994)는 "리더십은 사람들이 함께 무엇을 하고 있는지에 대한 의미를 파악함으로써 사람들이 그것을 이해하고 몰입하도록 하는 과정이다", 그리고 House et al.(1999)는 "리더십은 타인에게 영향을 미치고 동기를 부여하며 타

인이 조직의 효과성 및 성공을 위해 공헌할 수 있도록 하는 개인의 능력이다"라고 정의를 내리고 있다.

여러 정의를 통해서 리더십은 리더가 목표를 달성하기 위해 발휘하는 행동, 전략, 스타일, 영향력으로 리더십은 리더의 행동과 결정, 팀과의 상호작용 방식, 문제 해결 능력 등을 포함한다고 정리할 수 있기에 조직 차원에서 조직 성과를 좌우하는 매우 중요한 핵심 역량이라고 볼 수 있다.

(2) 리더십의 변천

리더십은 시대와 사회의 변화에 따라 지속적으로 변화하고 발전해 왔다. 이는 조직의 구조, 문화, 사회적 요구, 기술 발전 등에 의해 크게 영향을 받았기에 리더십의 변천 과정을 이해하는 것은 현재와 미래의 리더십 스타일을 효과적으로 적용하는 데 있어 중요한 인사이트를 얻을 수 있다고 본다. 주요 리더십 이론과 변천 과정을 설명하면 다음과 같다.

첫째, 초기 리더십 이론으로 특성 이론(Trait Theory) 리더십. 19세기 후반에서 20세기 중반 사이 연구된 이론으로, 리더십은 타고난 자질이나 특성에 의해 결정된다는 것이다. 초기에는 위대한 인물의 자질(카리스마, 결단력, 용기, 지능 등)을 연구하여 리더십의 본질을 이해하려 하였으나, 상황과 환경을 고려하지 않고, 리더십을 선천적인 것으로만 간주하여 한계를 보였다.

둘째, 행동 이론(Behavioral Theory) 리더십. 1940~1960년대에 연구된 이론으로, 리더십은 특정 행동 패턴으로 정의된다고 간주하고 리더가 어떻게 행동하는지가 중요하다고 가정하였다. 특히, 2가지 주요 행동 유형으로서 하나는 과업 지향적 행동(목표 설정, 역할 정의, 과업 수행에 중점을 둠)이고 다른 하나는 관계 지향적 행동(팀원과의 상호작용, 지원, 신뢰 구축에 중점을 둠)인데 특정 상황에서 어떤 행동이 가장 효과적인지에 대한 고려가 부족한 한계를 보였다.

셋째, 상황 이론(Contingency Theory) 리더십. 1960~1970년대에 연구된 이론으로 리더십의 효과는 상황에 따라 다르다는 이론으로, 리더의 스타일과 상황적 요인 간의 적합성이 중요하다고 간주하였다. 여러 상황적 요인을 고려하여 적절한 리더십 스타일을 선택해야 한다고 주장하였으나, 상황 변수의 복잡성과 다변성으로 인해 적용이 어려울 수 있다는 한계를 지적받았다.

끝으로, 현대 리더십 이론으로 변혁적 리더십과 거래적 리더십. 변혁적 리더십(Transformational Leadership)은 1970년대~현재까지 지속적으로 연구되어 오고 있는 이론으로, 리더가 팀원들에게 영감을 주고, 동기를 부여하며, 조직을 변화시키는 능력을 강조하여 비전 제시, 카리스마, 개인적 배려, 지적 자극 등의 요소를 핵심 구성 요소로 간주하며 팀원들의 자아실현과 성장을 중시한다. 단지, 리더의 카리스마와 비전이 지나치게 강조될 수 있다.

거래적 리더십(Transactional Leadership)도 1970년대~현재까지 지속적으로 연구되어 오고 있는 이론으로, 보상과 처벌을 통해 목표 달성을 관리하는 리더십 스타일로서 명확한 목표 설정, 성과에 따른 보상, 규칙 준수를 강조한다. 단지, 팀원의 창의성과 자율성을 제한할 수 있는 단점이 있다.

그 이외에 서번트 리더십(Servant Leadership), 분산형 리더십(Distributed Leadership) 등 여러 리더십이 연구되고 활용되고 있는 상황이다.

리더십은 시대와 상황에 따라 끊임없이 변화해 왔으며, 현대에는 다양한 리더십 스타일이 공존하고 있다. 초기의 특성 이론에서부터 행동 이론, 상황 이론, 그리고 현대의 변혁적 리더십과 거래적 리더십, 서번트 리더십, 분산형 리더십, 참여적 리더십에 이르기까지, 각 이론은 특정 맥락에서의 리더십 효과성을 설명하고 있다.

영국 언론인 아나톨 칼레츠키는 지금의 시대를 자본주의4.0 시대라 칭하고 있다. 2008년 세계 금융위기 이후 기존 경제 이론으로 설명할 수 없는 예측 불가능한 시대로서 정부는 시장과 유기적인 상호작용을 이뤄가야 한다고 언급하였다. 특히, 시장의 복잡성과 불확실성으로 변하지 않는 하나의 관점으로 경제 제도를 관리할 수 없다는 입장이다. 이러한 시대에는 지식 융합 시대에 적절한 창의성과 산업자본주의와 금융자본주의를 넘어 도래하고 있는 문화자본주의에 필요한 인재가 필요한 시대라고 언급하고 있다. 지금은 구성원들이 자발적으로 일하고 유연하고 개방적인 조직을 이끄는 21세기형 리더십이 필요한 시대라고 볼 수 있다. 특히, 미래의 리더십은 이러한 다양한 접근 방식을 통합하고, 급변하는 환경에 적응할 수 있는 유연성과 포용성을 갖추는 것이 중요할 것이다.

3. 디지털 리더십

(1) 디지털 리더십이란?

최근 ChatGPT와 같은 생성형 AI 열풍으로 4차 산업혁명의 핵심 동인 요소로 대변되었던 DNA(Data, Network, AI) 기술과 더불어 여러 디지털 기술(블록체인, 클라우드 컴퓨팅 등)들이 기업 운영에 큰 변화를 가져오고 있으며, 기업 생존의 근원적 경쟁력으로 자리매김하고 있다.

이에 2000년부터 불어온 디지털 전환(Digital Transformation, DX)은 기업에게 선택이 아닌 필수적인 경영 방식으로 발전하고 있다. 또한, 개인적인 생활 패턴도 비대면 형태의 소통과 거래 방식으로 본격적인 온라인 이커머스 시대에 발맞춰 비대면 업무 방식 등의 형태가 개인 삶의 큰 축이 되어가고 있다. 이러한 큰 변화들 속에서 조직 차원에서의 변화에 적응하고 생존하기 위해서 기존의 전통적인 리더십에서 보다 발전된 리더십을 요구하고 있다. 대표적으로 연구되고 있는 리더십이 바로 '디지털 리더십'이다.

성공적인 DX의 선결 조건인 디지털 리더십에 대해서 연구자별로 다양한 정의가 내려지고 있으나, 필자는 함축적으로 "디지털 역량 + 변혁적 리더십", 혹은 "디지털 역량 기반의 변혁적 리더십"이라고 정의하고자 한다. 다시 말해, 디지털 리더십은 디지털 기술과 혁신을 활용하여 조직의 비전과 전략, 구조, 프로세스를 재설계하여 환경 변화에 능동적으로 적응하고, 조직 경쟁력과 성과를 극대화하는 리더십 스타일을 말한다.

디지털 리더는 디지털 전환 DX에 대한 명확한 비전을 제시하고, 변화하는 디지털 환경에서 조직이 성공적으로 적응하고 성장할 수 있도록 이끌어야 한다. 디지털 리더는 CEO, CIO 그리고 현장 각 부문의 리더가 될 것이다.

(2) 디지털 리더십의 6가지 역할

디지털 리더십에서 요구되는 역량을 다음과 같이 크게 6가지로 나눠 볼 수 있다.

1) 디지털 비전(Digital Vision)

디지털 기술을 활용하여 조직의 미래 방향을 설정하고, 명확하고 설득력 있는 목표를 제시하는 능력으로 혁신적이고 장기적인 관점을 반영한 비전 제시 및 조직 전반에 걸친 디지털 전략 수립 역량

2) 기술 이해 및 적용 능력(Technological Competence)

최신 디지털 기술과 트렌드를 이해하고, 이를 전략적으로 활용하는 능력으로 AI, 빅데이터, 클라우드 컴퓨팅, IoT 등의 기술적 이해와 실질적인 응용 능력

3) 데이터 중심 의사결정(Data-Driven Decision Making)

데이터를 기반으로 의사결정을 내리고, 인사이트를 도출하는 능력으로 데이터 수집, 분석, 해석을 통한 전략적 의사결정, 데이터 기반으로 문제를 해결하는 역량

4) 변화 관리(Change Management)

디지털 전환 과정에서 발생하는 변화를 효과적으로 관리하고, 구성

원들이 변화를 수용하도록 지원하는 능력으로 변화에 대한 저항 최소화, 효과적인 커뮤니케이션과 변화 관리 역량

5) 협업과 커뮤니케이션(Collaboration and Communication)

디지털 도구를 활용하여 조직 내외부와 효과적으로 협력하고 소통하는 능력으로 협업 플랫폼, 디지털 커뮤니케이션 도구 활용 및 투명하고 개방적인 소통 능력

6) 고객 중심 접근(Customer-Centric Approach)

고객 경험을 혁신하고, 고객 중심의 서비스를 제공하는 접근 방식으로 데이터 분석, 맞춤형 서비스 제공, 고객 피드백을 반영하여 지속적으로 개선하는 노력

위에서 살펴본 바와 같이, 디지털 리더는 디지털 전략가, 혁신 촉진자, 변화 관리자, 데이터 관리자, 커뮤니케이터, 고객 경험 관리자로서 다양한 역할을 수행하는 동시에 조직의 디지털 전환을 성공적으로 이끌어야 한다. 이를 통해 조직은 빠르게 변화하는 디지털 환경에서 경쟁 우위를 더욱 강화하여 지속 가능한 성장을 구현해 나갈 수 있다고 본다.

4. 글로벌 기업 CEO의 디지털 리더십 사례

미국 기술주식 상장시장인 나스닥 경우, 2010년 1월 1일 종합주가지수 2,147포인트 대비 오늘날 2024년 6월 7일 17,129포인트로 약 700%의 경이로운 성장 추이를 보여주고 있다(동 기간 연평균 15.4% 증가). 앙트러프러너십(Entrepreneurship) 기반의 스타트업 생태계 속에서 수많은 유니콘 기업과 신생 기술기업들이 매년 IPO를 통해 새롭게 얼굴을 내밀고 있으며, 지속적으로 높은 경영 성과를 보여주고 있다. DX 시대를 맞이한 기술벤처기업 CEO들의 훌륭한 디지털 리더십이 존재하였기 때문에 이러한 성장이 가능할 수 있었다고 본다. 대표적인 성공 CEO들의 디지털 리더십 사례를 소개하고자 한다.

(1) Amazon, Jeff Bezos

첫 번째로 1994년 7월 창업한 Amazon의 DX와 CEO인 Jeff Bezos의 디지털 리더십 사례이다. 현재, 아마존은 아마존닷컴(온라인 쇼핑몰, 유통), 아마존 웹 서비스 AWS(B2B 클라우드 서비스)와 아마존 프라임(이틀 내 무료 배송, OTT 시청, 음악 스트리밍 등)의 사업을 주력으로 하고 있다. Amazon의 DX 추진단계별 내용과 Bezos의 리더십 특징은 다음과 같다.

1) 단계별 DX 추진 과정

① 초기: 전자상거래 플랫폼 구축으로 종합 온라인 마켓플레이스로 확장. '고객 중심' 원칙을 강조, 고객 편의 위해 다양한 결제 및 물류시스템 도입.

② 중기: 고객 구매 데이터 기반의 개인 맞춤형 추천 시스템 도입. 데이터 중심의 의사결정을 강조하며 머신러닝과 빅데이터 분석 기술 활용.

③ 성장: Amazon Web Services(AWS) 출시, 클라우드 컴퓨팅 시장 진출. 장기적인 비전을 제시, 혁신적 사고와 실험 장려, 기업의 DX 실현을 지원.

④ 최근: 물류에 AI와 로봇 기술 도입하여 효율성 극대화. 지속적인 혁신과 기술 투자를 통해 물류창고 자동화 및 배송 최적화 구현.

2) Jeff Bezos의 디지털 리더십 특징

① 고객 중심주의: 모든 결정의 중심에 고객을 두고, 고객 경험을 개선하는 데 집중하였고, 이는 Amazon의 모든 비즈니스 전략에 반영하였다.

② 데이터 기반 의사결정: 데이터를 기반으로 한 의사결정을 통해 정확하고 신속한 판단을 내리고, 데이터를 통한 예측과 분석을 중시하였다.

③ 장기적 비전: 장기적인 비전을 가지고 새로운 시장에 진출하고,

초기의 실패를 두려워하지 않았기에 AWS와 같은 혁신적인 서비스를 제공할 수 있었다.

④ 혁신과 실험: 혁신을 장려하고, 실패를 두려워하지 않으며, 새로운 아이디어를 실험하는 문화를 조성하였다.

⑤ 기술 투자: 최신 기술에 대한 적극적인 투자를 통해 디지털 혁신을 지속적으로 추진하였다.

(2) Tesla, Elon Musk

두 번째 사례는 2023년 180만대 판매 돌파로 전기자동차의 혁신과 에너지 저장, 로봇, AI 사업을 견인하고 있는 Tesla의 DX와 Elon Musk의 디지털 리더십이다. Tesla의 DX 추진 과정과 Musk의 리더십은 다음과 같다.

1) 단계별 DX 추진 과정

① 초기: 2008년 첫 모델 Roadster 출시로 전기차 시장 진입. 초기 자금 투자, 기존 내연기관차와 경쟁 가능한 혁신적인 제품 개발 주도.

② 중기: 2012년 모델 S와 대규모 생산으로 전기차 대중화 추진. 자율주행 Autopilot 도입, 공장 자동화, 대규모 자금 조달로 공장 확장 추진.

③ 성장: 2차전지 생산 수직통합의 기가팩토리, 에너지 솔루션 시장

진출. '소프트웨어 정의 공장(software-defined factory)' 개념을 도입해 데이터 분석 및 AI 활용, Total 생산 효율성 향상, Powerwall과 Powerpack 출시.

④ 최근: AI 기반의 완전자율주행(FSD) 개발로 새로운 패러다임 제시 중. 3억 마일 초과의 주행 데이터 확보, 공개 베타 테스트/피드백, 개발 혁신 주도.

2) Elon Musk의 디지털 리더십 특징

① 비전과 혁신: Musk는 전기차와 자율주행뿐만 아니라 스페이스X, 뉴럴링크 등의 혁신적인 미래 기술의 청사진을 제시하면서 장기적인 비전 속에서 지속적인 4차 산업혁명의 기술 정보 융합 혁신을 추진해 오고 있다.

② 리스크 감수: 초기 전기차 양산의 높은 리스크를 감수하였고, Unboxed process와 같이 기존 방법과는 완전 새로운 생산공정 기술에 과감하게 투자하며, 초기 실패를 두려워하지 않는 최고 수준의 기업가 정신을 보여주고 있다.

③ 고객 중심: 자율주행, 슈퍼차저, ESS에 대한 고객의 피드백을 적극 수용하고, 이를 반영하여 제품과 서비스를 개선해 오고 있다.

④ 데이터 중심 의사결정: 상상초월의 주행 데이터와 다양한 옵션의 개발실험 데이터 기반 의사결정으로 FSD와 제조 공정을 지속적으로 개선해 오고 있다.

⑤ 에코시스템 구축: 전기차와 함께 에너지 저장 솔루션을 제공하

며, 재생에너지 생태계를 구축해 오고 있으며, 생성형 AI 챗봇인 그록, 스타링크, 뉴럴링크, 스페이스X 등 또 다른 확장 혁신생태계를 만들어 가고 있다.

위의 사례 이외에 최근 생성형 AI를 주도하고 있는 Microsoft의 Satya Nadella, Google의 Sundar Pichai으로부터도 유사한 DX 기반 디지털 리더십을 확인할 수 있다. 이러한 리더십을 바탕으로 해당 기업들은 현재 놀라운 지속가능 성장과 시장 지배력을 강화해 나가고 있다.

5. 국내 기업 CEO의 디지털 리더십 사례

국내에서 성공한 디지털 전환의 대표적인 사례로는 삼성전자, 현대차, LG, SK 등 유수한 대기업 사례들이 있으나, 초기 기술벤처기업으로 플랫폼 부문에서의 기술 혁신을 일궈내며 빠르게 시장을 견인하고 있는 스타트업 중심으로 소개하고자 한다. 이를 통해 실무적으로 적용할 수 있는 좋은 시사점을 얻을 수 있을 것으로 기대해 본다.

(1) 배달의 민족(우아한형제들, 2010년 창업)

최근 독일 딜리버리히어로가 우아한형제들을 약 5조 원으로 인수하였다는 기사를 접하였다. 푸드 배달앱으로 엄청난 기업 가치를 인정받은 배달의 민족 CEO 김봉진 대표의 사업단계별 디지털 리더십을 살펴보면 다음과 같다.

1) DX 기반 사업단계별 디지털 리더십 특징

① 초기: 오프라인 중심의 배달시장을 배달 플랫폼 통해 온라인으로 전환. 사용자의 편의성을 최우선으로 하여 직관적이고 사용하기 쉬운 앱 강조.
② 중기: 빅데이터, AI 알고리즘 통해 주문 예측, 추천 시스템 구축. 데이터 중심의 의사결정, 데이터 분석팀 강화하고 비즈니스 인사이트 활용.
③ 성장: 배민 라이더스, 배민 커넥트(아르바이트) 등 배달 생태계 확장. 새로운 서비스 도입과 확장, 혁신과 실험을 두려워하지 않은 리더십 발휘.

(2) 야놀자(2005년 자본금 5천만원 창업)

현재 여행정보 플랫폼 기업, 야놀자의 최대주주는 2021년 약 2조 원을 투자한 소프트뱅크이며, 당시 약 10조 원의 기업 가치를 인정받았으며, 2024년 올해 미국에서 IPO를 통해 약 5천4백억 원의 자금을 조달할 계획이라고 한다.

1) DX기반 사업단계별 디지털 리더십 특징

① 초기: 손쉽게 실시간 예약 가능한 온라인 숙박 예약 플랫폼 구축. 이수진 대표는 간편한 절차와 직관적 인터페이스 통해 편의성과 접근성 초점.
② 중기: AI와 빅데이터 분석 도입, 사용자 맞춤형 추천, 가격 비교 제공. 머신러닝 및 데이터 분석 통해 사용자 경험 개인화 및 최적화에 주력.
③ 성장: 글로벌 시장 진출 및 디지털화된 스마트 호텔 운영 시스템 구축. 뉴욕 맨해튼 지역에는 50번째 해외 지사(야놀자 US오피스) 오픈, 클라우드 기반 호텔 운영 관리 및 IoT 기반 스마트 룸 관리 시스템 등 경쟁력 강화.

위의 사례 이외에도 지역 기반 중고거래 플랫폼으로 시작하여 지역 커뮤니티 활성화 통해 사용자 경험을 개인화하고 다양한 서비스를 제공하고 있는 '당근마켓'의 김재현·김용현 대표, 그리고 패션 시장의 디지털화를 선도하며, 온라인 패션 플랫폼을 통해 소비자와 브랜드 연결을 시작, 글로벌 이커머스 플랫폼으로 O2O(Online to Offline) 전략 기반 혁신적인 쇼핑 경험을 제공하고 있는 '무신사'의 조만호 대표, 그리고 한국의 아마존으로 불려지는 '쿠팡'의 김범석 대표, 네이버에서 자회사로 분리, 로보틱스, 자율주행, 스마트 빌딩 관리 등 미래 기술을 실생활에서 접목하고 있는 'Naver Labs' 석상옥 대표의 디지털 리더십도 대표적인 성공 사례로 평가된다.

위의 사례들을 통해 디지털 사업 비전과 전략 제시, 기술 이해와 고객 니즈의 연계, 고객 중심 혁신, 데이터 중심 의사결정, 협업 기반 조직문화, 지속적인 도전과 과감한 실행 등이 성공을 뒷받침했다는 것을 알 수 있다.

6. 성공적인 DX를 위한 디지털 리더십 함양 방법

(1) 어떻게 디지털 리더십을 함양할 것인가?

리더십은 선천적인 성격보다는 후천적으로 교육 과정을 통해 육성될 수 있는 것으로 알려진 바와 같이, 성공적인 디지털 전환 DX를 위해서 기업들은 지속적인 디지털 리더십 함양 방법을 고민하고 리더들에게 교육과 변화의 기회를 제공하는 것이 매우 중요한 과제라고 생각한다. 이에 디지털 리더십을 함양하는 방법을 구체적인 예시와 함께 나열해 보고자 한다.

1) 연속적인 학습과 개발

디지털 기술과 트렌드에 대한 지식을 업데이트하고 발전시키기 위해 지속적인 학습과 개발에 투자해야 한다. AI, 빅데이터, 클라우드 컴퓨팅 등과 같은 디지털 기술에 대한 이해를 높일 수 있는 교육 프로그램 제공을 통한 디지털 역량 강화를 우선적으로 고려해야 한다.

2) 실험과 실패 허용 문화

실험과 실패를 통해 배우는 문화를 촉진해야 한다. 실패는 단순히 학습의 기회로 여겨져야 하며, 실패한 경험을 통해 더 나은 방향을 찾을 수 있어야 한다.

3) 열린 커뮤니케이션과 협업

디지털 리더십은 열린 커뮤니케이션과 협업을 장려해야 한다. 팀 간의 정보 공유와 지식 공유를 촉진하기 위해 협업 도구나 플랫폼을 활용할 수 있으며, 다양한 부서 간의 협업을 강화하기 위해 프로젝트 팀을 구성하거나 교차 기능적 팀 구성이 필요하다.

4) 리더십의 모범 사례 구축

조직 내부의 리더들이 다른 구성원들에게 영감을 주고, 디지털 변화에 대한 리더십을 보여준다면, 특히, CEO의 디지털 전환 과정을 통해 얻은 자신의 경험을 공유하는 것은 매우 효과적이다.

5) 포상과 인센티브 체계 개선

구성원들이 디지털 리더십을 향해 나아가는 노력을 인정하고 보상하는 것이 중요하다. 성과에 따른 보상과 인센티브 체계를 개선하여 디지털 역량 강화에 대한 동기부여를 높일 수 있다.

이러한 방법들은 조직 내에서 디지털 리더십을 함양하는 데 도움이 될 것이며, 이를 위해 조직 내외부에서 교육 프로그램을 개선, 운영하고, 열린 문화와 실험을 장려하는 등의 노력이 필요하다고 본다.

실무 차원 입장에서 조직과 개인 차원에서의 함양 방법을 구분하여 언급한다면, 조직 차원에서는 교육 및 보상 프로그램을 제공, 열린 커뮤니케이션 및 협업 분위기를 조성, 실험과 실패를 수용하는 조직문화 구축에 주력하는 반면, 개인 차원에서는 지속적인 학습과 개발, 자기 성장을 위한 네트워킹 활동, 데이터 기반 의사결정 및 디지털 비전을 전파하는 활동을 전개하여 서로 보완적으로 실행될 때, 가장 효과적인 함양 효과가 기대될 수 있을 것으로 본다.

(2) 성공적인 DX를 위한 제언

끝으로, Deloitte의 "How to lead digital transformation from the top", BCG의 "6 Key Rules for Digital Transformation Success" 주요

내용을 참조하면서, CEO, 리더들이 조직 내에서 가장 중요하게 취해야 할 DX 조치와 전략을 첨언하고자 한다.

1) 디지털 비전과 통합전략 수립

CEO는 디지털 기술과 전략을 통해 어떤 변화와 성장을 이루고자 하는지를 명확하게 정의하고 제시해야 한다.

① 비전에 대한 설득력 있는 스토리텔링을 직접 구성하여 소통하라.
② 전략은 구체적이고 계량화된 output, 추진사유, 방법 등을 설명하라.
③ 더 큰 그림을 보게 하라. 모든 조직부서가 디지털 이니셔티브에 공감하지 못하므로, 디지털화가 가치 창출, 경쟁력, 성장과 같은 회사의 더 큰 전략적 맥락에 어떻게 부합하는지를 확신시켜주어야 한다.

2) 중간관리자 실무 리더십 발휘

CEO는 중간관리자급의 주인 정신 및 책임감 등의 격려로 DX 현장의 실행력을 높여야 한다.

3) 비즈니스 중심 모듈형 기술 및 데이터 플랫폼 구축

CEO는 비즈니스 니즈에 맞는 최신 기술 아키텍처를 구축하여 안정적이고 확장 가능한 그리고, 신속한 변화 구현이 가능한 원활한 생태계 통합을 추진해야 한다. 이를 위해 조직 내외부 간 협업과 파트너십 강화를 촉진해야 한다.

4) 조직적 변화 주도 및 변화 관리

CEO는 조직의 구조와 프로세스를 재설계하고, 디지털 역량을 향상시키기 위한 투자와 혁신을 촉진해야 한다. 최고 수준의 인재를 배치하고, '빨리 실패하고 빨리 배우는(fail-fast-learn)'의 행동 변화 기반 애자일(Agile)한 조직문화를 유도해야 한다.

① 장애물을 돌파하라. 비전으로 가는 길에 마주치는 사일로 등의 장애물을 제거할 수 있도록 협력과 협업의 권한을 부여해야 한다.
② 디지털 혁신과 연계하여 인센티브를 제공하라. 기존 보상 방식에서 벗어나 디지털 혁신을 수용하고 집중함에 따라 보상함으로써, 구성원들의 행동과 우선순위를 바꿔 나가야 한다.
③ 진행 상황에 대한 효과적 모니터링을 하라. 프로세스와 결과물에 대한 명확한 지표와 목표를 수립하고 진척도를 관리해야 한다.

위의 내용은 CEO가 디지털 시대에 성공적으로 리더십을 발휘하기 위해 필요한 전략과 행동의 가이드로 이해하면 좋을 것 같다. 이를 통해 조직은 디지털 시대의 변혁과 도전에 대응하고 새로운 고객 가치를 창출하여 지속가능한 기업 경영을 영위해 나갈 것이라고 확신한다.

지금까지 '성공적인 DX를 위한 선결 조건, 디지털 리더십'을 주제로 필자 나름대로의 생각과 의견을 정리해 보았다. DX는 선택이 아닌 필수인 시대적 요청에 따라, DX 기반 4차 산업혁명 변화의 거대한 물결을 올라타시어 각 산업 분야의 주인공이 되시길 기원한다.

[참고문헌]

- 이상호, 《조직과 리더십》, 북넷, 2018.
- 남상봉·안준모, 〈최고의사결정자의 디지털리더십이 기업의 성과에 미치는 영향에 관한 연구〉, 〈Journal of Information Technology and Architecture〉, 1호, 2018.
- 심현수·오상진, 〈디지털 트랜스포메이션 리더십이 조직구성원의 혁신행동에 미치는 영향〉, 《리더십연구》, 4호, 2023.
- 이임정·윤관호, 〈디지털 사회에서의 변혁적 리더십에 대한 이해〉, 《한국경영교육학회》, 47호, 2007.
- 최종태, 〈자본주의 4.0시대의 사회적기업과 경영학〉, 『사회적가치와 기업연구』, 2호, 2011.
- 이승준·최병철, 〈디지털 기술 역량이 기업의 양손잡이에 미치는 영향〉, 《한국진로창업경영학회지》, 6호, 2023.
- 박태영, 〈기업의 동태적 역량, 디지털 트랜스포메이션, 비즈니스모델 혁신 및 성과 간의 구조적 인과관계〉, 금오공과대학교, 금오공과대학교 대학원, 경영학과, 박사학위 논문, 2019.
- Bass, B.M., 'Leadership and Performance Beyond Expectations', 《The Free Press》, pp.209-219, 1985.
- Bryman, A., 'Charismatic Leadership in Organizations', 《SAGE Publications》, p.95, 1992.
- Hess, T., Matt, C., Benlian, A., & Wiesböck, F., 'Options for formulating a digital transformation strategy', 《MIS Quarterly E》, 15(2), 2016.
- Westerman, G., Bonnet, D., & McAfee, A., 'Leading digital: Turning technology into business transformation', 《Harvard Business Review Press》, 2014a.
- Deloitte Insights, 〈How to lead digital transformation from the top〉, August, 2022.
- Deloitte Insights, 〈How the CEO's leadership in digital transformation can tip the

- scales toward success〉, June, 2022.
- Harvard Business Review, 〈Four Ways Digital Leaders are Accelerating Their Innovation Strategy〉, June, 2022.
- BCG, 〈Profit rate grows by '1.8 times'… 6 Key Rules for Digital Transformation Success〉, November, 2021.
- McKinsey & Company, 〈A roadmap for a digital transformation〉, March, 2017.
- McKinsey & Company, 〈Digital dilemma: Why anything less than superb execution leads to failure〉, June, 2017.
- World Economic Forum, Schwab, Klaus, 〈The Fourth Industrial Revolution: what it means, how to respond〉, 2016.01.14.
- 조선비즈, '야놀자, 이르면 7월 美 상장 추진… 4억 달러 조달 목표', 2024.06.07.
- 아시아경제, '싸게 많이 파는 테슬라의 큰 그림… 데이터 늘려 자율주행 완성', 2024.01.23
- 한국경제, '테슬라 기가팩토리, 압도적 마진율의 비밀', 2023.06.15.
- Platum, '70%가 실패한다는 디지털 트랜스포메이션, 왜?', 2021.06.15
- 중앙일보, '맥킨지, 트랜스포메이션 도전 기업 70%가 이것 때문에 실패', 2019.10.07.
- Digital Initiative Group, '포드(Ford)디지털 트랜스포메이션 전략추진 강화를 위하여 CEO 교체', 2017.07.10.

[저자소개]

정기섭 JUNG KI SUP

학력
- 호서대 벤처대학원 벤처경영 박사과정
- 일리노이주립대(University of Illinois, Urbana & Champaign) MBA
- 연세대학교 경영대학원 기업재무, 석사
- 성균관대학교 공과대학 산업공학, 학사

경력
- LG디스플레이 경영기획
- ㈜LG 정도경영TFT
- LG필립스LCD 전략기획
- LG반도체 종합기술원/해외사업
- 현) 한국창업학회 이사
- 현) 중소벤처기업부 자문단 현장클리닉위원
- 현) 창업진흥원 평가위원, 용인시/화성시 산업진흥원 전문위원
- 현) 한국경영기술지도사회 전문위원
- 현) NCS(국가직무능력표준) 확인 강사

- 현) Talent Bank 전문가, 네이버 eXpert
- 전) 한국기술거래사회 전문위원

자격
- 경영지도사
- 빅데이터분석기사
- ISO45001 인증심사원
- 창업보육전문매니저
- 기술사업가치평가사
- 기술신용평가사 3급

저서
- 《재무지표관점에서 바라본, ESG 요소가 기업가치에 미치는 영향》, 대한경영학회, '24년 5호

수상
- 2024년 춘계학술대회 우수발표상(중소기업학회)

> 5장

이중환

기업 디지털 전환(DX) 성공 요인과 창업자적 인품에 대한 탐색

1. 기업의 DX 전략 성공 요인

디지털 전환(Digital Transformation, DX)은 기업이나 조직이 디지털 기술을 활용하여 비즈니스 모델과 프로세스를 혁신하는 과정이다. 이는 기업의 미래에 대한 대비와 혁신적인 성장 기회를 제공하기 때문에 그 가치와 중요성이 더욱 높아지고 있다. 디지털 전환의 핵심적인 요소로는 인공지능(AI), 빅데이터, 클라우드 컴퓨팅 등이 있으며, 이러한 기술들은 다양한 산업에 걸쳐 광범위하게 적용되고 있다.

현재 기업에서의 디지털 전환 현황을 살펴보면, 2023년 기준으로 전체 기업의 33.6%만 현재 DX를 추진하고 있으며, DX 추진을 검토 중인 기업은 37.2%로, DX 추진에 대한 관심은 높지만 아직 실행 단계에 진입하지 못한 기업이 많은 것으로 나타났다. 이는 디지털 전환의 복잡성과 조직 문화의 변화, 인력의 역량 부족, 비용과 시간 소요 등의 어려움 때문이다. 그럼에도 불구하고, 디지털 전환은 비즈니스 성장과 경쟁력 확보를 위한 중요한 전략으로 인식되고 있다. 디지털 기술의 빠른 발전에 따라 기업들은 디지털 전환을 통해 더 빠르고 정확한 의사결정을 할 수 있으며, 비즈니스 프로세스의 자동화와 최적화를 통해 생산성을 향상시킬 수 있다. 따라서 디지털 전환은 기업이 미래에 대비하고 혁신적인 성장 기회 창출과 기업의 경쟁력을 확보하는 데 필수적인 요소로 간주되고 있다.

기업의 디지털 전환 전략은 기업의 성장과 지속 가능성에 결정적인 역할을 한다. DX 전략의 성공 요인은 다음과 같다.

첫째, 고객 중심의 접근법이다. 디지털 전환은 고객 경험을 향상시키는 데 중점을 두어야 한다. 고객의 요구와 기대를 충족시키기 위해 기업은 고객 행동에 대한 깊은 이해를 바탕으로 고객 요구에 선제적으로 대응할 수 있는 DX 기반의 새로운 기술을 관찰하고 적절한 도입 계획을 세워야 한다. 고객 중심의 디지털 전환은 고객의 만족도를 높이는 데 초점을 맞추며, 이를 통해 기업은 고객의 가치를 극대화하고 고객 경험을 향상시킬 수 있다. 이는 고객의 기대와 요구가 기업의 비즈니스 모델과 전략을 주도하는 현대 비즈니스 환경에서 매우 중요하기 때문이다. 이를 위해 기업은 고객의 여정을 적극적으로 조정하고, 고객의 가치를 극대화하여 고객에게 향상된 경험을 제공하는 '초 개인화 고객 맞춤' 기능을 개발해야 한다.

둘째, 데이터 주도의 의사결정이다. 데이터는 디지털 전환의 핵심 요소로, 기업은 데이터를 활용하여 비즈니스 인사이트를 얻고 의사결정을 내릴 수 있다. 이는 기업이 보유하거나 활용할 수 있는 내외부 데이터 융합과 가공 및 AI 분석을 활용하여 조직의 비전 수립, 목표 결정, 업무 프로세스 개선, 성장 전략을 도출하고 정보화하는 것을 의미한다. 이러한 데이터 기반 의사결정 패러다임의 변화는 데이터가 효과적으로 활용될 때 전례 없는 통찰력을 제공하고, 운영 효율성을 향상시키며, 혁신을 촉진하는 가치 있는 자산이라는 인식에 기반을 두고 있다. 전통적인 모델에서는 의사결정이 종종 직관이나 역사적인 관행에 의존하였다. 그러나 디지털 전환의 시대에는 조직들이 실시간 데이터 주도의 통찰력에 기반을 둔 의사결정을 내리기 위해 고급 분석, 머신러닝, 딥러닝 등과 생성형 AI 기술을 점점 더 활용하고 있다. 그러므로 기업은 근거 기반의 접근법으로 데이터 분석 능력을 갖추는 것이 중요하다.

셋째, 유연한 기술 인프라이다. 클라우드 컴퓨팅, 인공지능, 빅데이터 등의 기술은 디지털 전환을 가능하게 하는 핵심 요소다. 유연한 기술 인프라는 디지털 전환의 핵심 요소로, 기업이 빠르게 변화하는 시장 환경에 적응하고, 다양한 기술을 효과적으로 활용할 수 있는 기반을 제공한다. 이것은 필요한 IT 인프라를 구축하고 관리하는 것을 포함한다. 즉, 기업이 신속하게 변화하는 비즈니스 요구사항에 대응하고, 새로운 기술을 도입하고, 비즈니스 프로세스를 개선하는 데 중요하다. 이를 통해 기업은 더 빠르고 효율적인 서비스를 제공하고, 비즈니스 성과를 향상시킬 수 있다.

넷째, 조직의 문화적 변화이다. 디지털 전환은 기술적인 변화뿐만 아니라 조직문화의 변화도 필요하다. 문화적 변화는 디지털 전환의 성공을 위한 핵심 요소로, 조직 내에서의 사고방식과 행동 패턴의 변화를 의미한다. 이는 실험적인 사고를 장려하고, 실패를 통한 학습을 지원하는 문화를 형성하는 것을 포함한다. 이를 통해 기업은 미래에 대비하고, 디지털 전환의 성공과 지속적인 성장을 추구할 수 있다.

마지막으로, 지속적인 혁신이다. 디지털 전환은 한 번의 프로젝트가 아니라 지속적인 과정이다. 지속적인 혁신은 디지털 전환의 핵심 요소로, 기업이 끊임없이 새로운 아이디어를 창출하고, 기술을 도입하며, 비즈니스 모델을 개선하는 것을 의미한다. 기술은 계속 발전하고 있으며, 이에 따라 기업의 비즈니스 환경도 빠르게 변화하고 있다. 이러한 상황에서 기업은 변화하는 시장 조건과 고객의 요구에 대응하기 위해 지속적으로 혁신해야 한다. 지속적인 혁신은 기업이 미래에 대비하고, 경쟁력을 유지하여 지속가능한 성장을 추구하는 데 필수적이다. 이를 통해 기업은 디지털 전환의 성공을 위해 필요한 유연성과 민첩성을 갖출 수 있다.

이상의 요소들은 디지털 전환의 성공을 위한 핵심 요인이다. 기업은 이러한 요소들을 체계적으로 접근하고 실행함으로써 디지털 전환을 성공적으로 이끌 수 있다. 이를 통해 기업은 경쟁력을 강화하고 지속적인 성장을 이룰 수 있다. 이는 디지털 시대의 기업에게 필수적인 전략이다.

2. 디지털 전환 인재의 창업자적 인품의 중요성

디지털 전환은 단순히 기술 도입을 넘어 기업의 비즈니스 모델, 프로세스, 문화 전반을 혁신하는 과정이다. 4차 산업혁명과 생성형 AI 시대에서 격변하는 시대적 요구에 유연하고 민첩하게 대응하고 생존 및 성장을 위해 기업은 DX 인재가 필수적으로 필요하다. 이러한 인재들은 변화와 혁신을 긍정적으로 선택할 수 있는 창업자적 인품을 갖추고 있어야 한다. 창업자적 인품에서 '창업'이라는 의미는 '새로이 창조하는 일'이라고 정의할 수 있다. 최근 기업의 구성원이 DX의 성공과 지속가능한 성장을 견인하기 위해서 가져야 할 중요한 인성의 한 요소가 '창업자적 인품'이며 다음과 같은 요소들을 포함한다.

(1) 문제 해결 능력

디지털 전환을 추진하는 담당자는 기업이 추구하는 도메인 영역에 대한 이해와 문제 이슈에 대한 근본 원인과 해결책을 찾고자 지속적인 노력을 해야 한다.

첫째, 끊임없이 새로운 문제에 도전하고 해결책을 모색하는 호기심과 탐구심을 가지고 있어야 한다. 그리고 변화하는 환경 속에서 발생하는 복잡한 문제들을 해결하기 위해서는 끊임없이 배우고 성장하는 자세가 중요하다.

둘째, 복잡한 문제들을 분석하고 체계적으로 해결할 수 있는 논리적 사고력과 기존의 틀에 박힌 사고방식에서 벗어나 창의적인 해결책을 제시할 수 있는 창의적인 사고력을 갖춰야 한다. 그리고 문제의 근본 원인을 파악하고 다양한 해결 방안을 모색하며, 최적의 해결책을 선택하여 실행할 수 있는 능력이 필요하다.

셋째, 데이터 분석을 통해 문제의 근본 원인을 파악하고, 데이터 기반으로 의사결정을 내릴 수 있는 능력을 갖춰야 한다. 데이터는 문제해결에 중요한 근거가 되며, 데이터를 효과적으로 분석하고 활용하여 정확하고 신속하게 의사결정을 내릴 수 있는 능력이 필요하다.

마지막으로, 다양한 이해관계자들과 협력하여 문제를 해결할 수 있는 협업 능력을 갖춰야 한다. DX는 조직 전체의 협력을 통해 추진되어야 하므로 이해관계자들과 효과적으로 소통하고 협력하여 공동의 목표를 달성할 수 있어야 한다.

(2) 변화에 대한 적응력

디지털 전환은 변화와 혁신을 수반하므로 DX를 추진하는 담당자는 스스로 변화에 대한 긍정적 인식과 적응력을 키워야 한다.

첫째, 새로운 기술에 대한 열정과 호기심을 가지고 끊임없이 배우고 익히려는 노력이 필요하다. DX는 끊임없이 변화하는 기술을 활용하는 과정이기 때문에 최신 기술 트렌드를 파악하고 새로운 기술을 빠르게

습득할 수 있는 적응 능력이 중요하다.

둘째, 변화하는 환경에 맞춰 유연하게 사고하고 행동할 수 있는 유연한 사고방식을 갖춰야 하며, 변화를 두려워하지 않고 새로운 환경에 적응하여 최적의 전략을 수립하고 실행할 수 있어야 한다.

셋째, 새로운 도전과 위험을 감수할 수 있는 용기가 있어야 한다. DX는 혁신적인 변화를 추구하는 과정이기 때문에 실패를 두려워하지 않고 적극적으로 도전하며 위험을 감수할 수 있는 용기가 필요하다.

마지막으로, 실패를 통해 배우고 성장하는 마음가짐을 가지고 변화 과정에서 발생하는 갈등을 효과적으로 관리하고 조직 구성원들의 변화를 이끌어낼 수 있는 변화 관리 능력을 갖춰야 한다. 변화는 갈등을 동반하기 때문에 갈등을 효과적으로 해결하고 조직 구성원들이 변화를 받아들이도록 이끌 수 있어야 한다.

(3) 협업 능력

디지털 전환을 추진하는 담당자는 개방적으로 협업하고자 하는 자세가 중요하다.

첫째, 자신의 생각과 아이디어를 명확하고 효과적으로 전달할 수 있는 효과적인 의사소통 능력을 갖춰야 하며, 구성원들과 효과적으로 소통하여 공동의 목표를 달성하기 위해서는 자신의 생각과 아이디어를 명확하고 정확하게 전달할 수 있어야 한다.

둘째, 다른 사람들의 의견을 경청하고 이해하려는 자세와 다른 사람들의 입장에서 생각하고 공감할 수 있는 공감 능력을 갖춰야 한다. 그리고 팀워크를 발휘하고 협력하여 문제를 해결하기 위해서는 서로의 의견을 존중하고 이해하며 공감할 수 있어야 한다.

마지막으로, 조직의 목표를 달성하기 위해 이해관계자들과 협력하여 일할 수 있는 팀워크 능력과 필요한 상황에서 리더십을 발휘하여 조직을 이끌 수 있는 리더십 능력을 갖춰야 한다. DX는 조직 전체의 협력을 통해 추진되어야 하므로 구성원들과 적극적으로 소통하고 협력하며 조직의 목표 달성을 위해 리더십을 발휘하여 방향성을 제시할 수 있어야 한다.

(4) 미래 지향적인 사고

디지털 전환을 추진하는 담당자는 기업의 비전과 사명을 이해하고 미래 지향적인 사고를 키워야 한다.

첫째, 문화, 기술, 사회, 경제 등 다양한 분야의 최신 트렌드를 파악하고 이해할 수 있는 트렌드 감각을 갖춰야 한다. 또한, 미래 변화를 예측하고 새로운 기회를 창출하기 위해서는 다양한 분야의 트렌드를 파악하고 이해할 수 있어야 한다.

둘째, 미래의 비전을 제시하고 달성하기 위한 전략을 수립할 수 있는 능력을 갖춰야 하며, 단순히 현재의 문제를 해결하는 데 그치지 않고 미래를 내다보며 새로운 비전을 제시하고 달성하기 위한 구체적인 전략을 수립할 수 있어야 한다.

셋째, 새로운 아이디어를 개발하고 혁신적인 제품과 서비스를 창출할 수 있는 창의력과 실험 능력을 갖춰야 한다. 변화하는 시대에는 기존의 방식으로는 경쟁력을 유지하기 어렵기 때문에 끊임없이 새로운 아이디어를 개발하고 실험하며 혁신적인 제품과 서비스를 창출할 수 있는 창의력과 실험 능력이 필요하다.

마지막으로, 단기적인 이익을 추구하기보다는 장기적인 관점에서 기업의 지속가능한 성장을 위해 생각하고 행동할 수 있어야 한다.

이러한 창업자적 인품을 갖춘 DX 인재들은 변화하는 시대 속에서 기업의 성공을 이끄는 핵심 역할을 할 것이다. 끊임없이 배우고 성장하며 도전과 혁신을 두려워하지 않는 용기와 열정을 가지고 미래를 향해 나아가는 DX 인재가 되어야 한다.

3. DX를 위한 성공 전략

(1) DX 조직 리더십

기업의 생존과 지속가능성장을 위해 변화와 혁신이 요구되는 시대에서 디지털 전환은 필수적인 흐름이다. DX는 조직 전체의 비즈니스 모델, 프로세스, 조직문화 전반을 혁신하는 과정으로 DX를 성공적으로 이끌기 위해서는 강력한 리더십이 요구된다.

1) DX 조직 리더의 역할과 책임

첫째, DX 조직 리더는 변화하는 환경 속에서 기업의 미래를 명확하게 제시하고 구체적인 전략을 수립해야 한다. DX를 통해 기업이 어떤 가치를 창출하고 어떤 차별화된 경쟁력을 확보할 수 있는지를 명확하게 제시해야 한다. 또한, 전략 수립 과정에서 다양한 이해관계자들의 의견을 수렴하고, 조직 내외부의 전문가들과 협력하여 실현 가능하고 효과적인 전략을 마련해야 한다.

둘째, DX는 조직 전체의 변화를 요구하는 과정으로써 리더는 변화에 대한 저항을 극복하고 조직 구성원들이 변화를 받아들이도록 이끌어야 한다. 이를 위해 리더는 명확한 의사소통을 통해 변화의 필요성과 목표를 명확하게 전달하고, 변화 과정에서 발생하는 어려움과 갈등을 적극적으로 해결해야 한다. 또한, 조직 구성원들의 참여를 유도하고, 변화에 대해 긍정적인 인식을 확산시키기 위한 노력이 필요하다.

셋째, DX는 조직문화의 변화를 요구한다. 따라서 리더는 혁신과 도전을 장려하고 실패를 두려워하지 않는 문화를 조성해야 한다.

넷째, DX를 성공적으로 추진하기 위해서는 DX 인적자원 육성 및 관리가 필요하다. 그리고 DX는 단순히 조직 내부의 노력만으로는 달성하기 어렵다. 따라서 리더는 외부 기관, 전문가, 스타트업 등과의 협력을 통해 부족한 역량을 보완하고 새로운 기술과 트렌드를 도입해야 한다.

마지막으로, DX는 급변하는 기술과 환경에 적응해야 하는 과정으로 리더는 새로운 기술과 트렌드를 끊임없이 배우고 자신의 역량을 개발해야 한다. 그리고 변화에 대한 열린 마음을 가지고 도전과 실패를 두려워하지 않아야 한다.

2) 효과적인 DX 리더십을 위한 전략

첫째, 명확한 비전 제시 및 전략을 수립해야 한다. DX를 통해 어떤 가치를 창출하고 어떤 차별화된 경쟁력을 확보할 수 있는지를 명확하게 제시해야 하며, 비전을 달성하기 위한 구체적인 전략과 로드맵을 수립해야 한다. 그리고 전략 수립 과정에서 다양한 이해관계자들의 의견을 수렴하고, 전략의 실행 가능성과 효과성을 검증하여 지속적으로 개선해야 한다. 더욱 중요한 것은 제시된 비전과 전략을 조직 구성원들과 적극적으로 공유하고 공감대를 형성하여 조직 구성원들의 참여를 유도하는 것이 필요하다.

둘째, 구성원과 효과적인 의사소통을 해야 한다. 변화의 필요성과 목표를 명확하고 명료하게 전달하기 위해 다양한 의사소통 채널을 활용하여 조직 구성원들과 소통해야 한다. 그리고 적극적인 경청과 공감을 통해 조직 구성원들의 의견 반영 및 피드백을 적극적으로 수렴하고 개선하여 활용해야 한다. 무엇보다도 의사결정 과정을 투명하게 공개하고 조직 구성원들이 의사결정 과정에 참여할 수 있도록 환경을 조성하는 것이 중요하다.

셋째, 구성원의 적극적인 참여를 유도해야 한다. 아이디어 공모, 팀워크 활동, 성과 인정 등을 통해 참여를 통한 성장 기회를 제공하고, 개인의 역량과 관심에 맞는 역할을 부여하고 책임감을 갖도록 성과를 인정하며 동기부여가 되도록 격려해야 한다.

넷째, 리더십 개발 및 역량 강화가 필요하다. DX 리더십 개념, 역할, 책임, 전략 등에 대한 교육을 제공해야 한다. 숙련된 리더나 전문가가 DX 리더를 멘토링하고 코칭하는 프로그램을 운영하여 DX 리더들이 서로 배우고 성장할 수 있는 네트워킹 기회를 제공해야 한다. 정보 공유, 경험 교환, 협업 등을 통해 리더들의 역량을 강화해야 한다.

다섯째, 변화에 대한 관리를 해야 한다. 변화의 필요성과 목표를 명확하게 전달하고, 조직 구성원들이 변화에 대한 이해를 높일 수 있도록 교육 및 훈련을 제공해야 한다. 리더 스스로 변화를 모범적으로 실천하고, 적극적으로 참여함으로써 조직 구성원들에게 변화의 중요성을 보여주어야 한다. 리더의 적극적인 모습은 조직 구성원들의 참여를 유도하고, 변화에 대한 긍정적인 태도를 형성하는 데 도움이 된다.

여섯째, 외부 협력 및 파트너십을 구축해야 한다. DX 관련 전문 지식과 경험을 가진 외부 전문가나 컨설팅 기관의 도움을 받을 수 있다. 객관적인 시각에서 조직의 현황을 진단하고 개선 방안을 제시하며 전략 수립 및 실행을 지원받을 수 있다. 정부에서 제공하는 DX 관련 지원 사업, 자금, 규제 완화 등을 적극적으로 활용해야 한다.

일곱째, DX 문화를 조성해야 한다. 혁신과 도전을 장려하고 실패를 두려워하지 않는 문화를 조성해야 한다. 새로운 아이디어를 적극적으로 수용하고, 시행착오를 통해 배우고 성장하는 것을 긍정적으로 평가해야 한다. 변화에 대한 저항을 최소화하고, 조직 구성원들이 변화에 적응하도록 돕는 시스템을 구축하는 것이 필요하다. 변화 관리 교육, 상담, 지원 프로그램 등을 통해 변화 과정의 어려움을 해결하고, 조직 구성원들의 참여를 유도해야 한다.

마지막으로, 성과 측정 및 평가가 필요하다. DX 추진의 목표를 명확하게 설정하고, 이를 달성하기 위한 지표를 제시해야 한다. 목표와 지표는 SMART(Specific, Measurable, Achievable, Relevant, Time-bound) 원칙에 따라 설정해야 한다. 측정 결과는 정기적으로 분석하고 개선점을 도출하고, 성과 평가 결과에 대한 피드백을 조직 구성원들에게 제공한다.

(2) DX 조직별 DX 인적자원의 역량

디지털 전환을 성공적으로 이끌어내는 데는 강력한 리더십만큼이나 DX 인적자원의 역량이 중요하다. DX 인적자원은 그들의 기술적 능력, 학습 태도, 그리고 협업 능력 등 다양한 역량을 통해 조직의 디지털 전환을 지원한다. DX 인적자원에게 필요한 역량은 다음과 같다.

첫째, DX 인적자원은 디지털 기술에 대한 깊은 이해와 기술적 역량을 가져야 한다. 이는 새로운 기술의 도입과 적용 그리고 기존 시스템의 개선을 통해 조직의 디지털 전환을 지원하는 데 필수적이다. 또한, 이러한 기술적 역량은 문제 해결과 혁신을 통해 조직의 경쟁력을 강화하는 데 기여한다.

둘째, DX 인적자원은 지속적인 학습 태도를 가져야 한다. 디지털 기술은 빠르게 변화하고 있으므로, DX 인적자원은 이러한 변화를 따라잡기 위해 지속적으로 학습하고 개발해야 한다. 이는 새로운 기술의 도입과 적용, 그리고 기존 시스템의 개선을 가능하게 한다.

셋째, DX 인적자원은 협업 능력을 가져야 한다. 디지털 전환은 팀 전체의 참여와 협력을 필요로 하므로, DX 인적자원은 다른 팀원들과 효과적으로 협업하여 공통의 목표를 달성하는 능력이 필요하다.

넷째, DX 인적자원은 변화에 대한 개방성을 가져야 한다. 디지털 전환은 종종 기존의 업무 방식을 바꾸는 것을 포함하므로, DX 인적자원은 이러한 변화를 받아들이고 적응하는 능력이 필요하다.

마지막으로, DX 인적자원은 창의성을 가져야 한다. 창의성을 최대한 활용해 혁신적인 해결책을 제시하는 능력이 필요하다.

결국, DX 인적자원은 디지털 전환을 성공적으로 이끌어내는 데 결정적인 역할을 한다. 이는 DX 인적자원이 기술적 능력, 학습 태도, 협업 능력, 변화에 대한 개방성 그리고 창의성 등 다양한 역량을 갖추어야 함을 의미한다. 이러한 역량은 DX 인적자원이 조직의 디지털 전환을 지원하고 조직의 경쟁력을 강화하는 데 필수적이다.

DX 조직은 산업, 규모, 사업 모델에 따라 다양한 역량을 가진 DX 인적자원을 필요로 한다. 각 산업별 역량을 정리하면 다음과 같다.

먼저 제조업에서 필요한 DX 인적자원의 역량은 다음과 같다. ① 로봇, 센서, 자동화 시스템 등을 활용하여 생산 공정을 자동화하는 생산 자동화에 대한 이해가 필요하다. ② 생산 데이터를 분석하여 생산 효율성을 개선하고 품질을 관리하는 데이터 분석에 대한 이해가 필요하다. ③ 생산 설비에 센서를 부착하여 데이터를 수집하고 분석하는 사물 인터넷(IoT), 예측 분석, 이상 감지, 최적화 등에 활용하는 인공지능(AI)에 대한 이해가 필요하다.

다음으로 금융업에서 필요한 DX 인적자원의 역량은 다음과 같다. ① 고객 데이터 분석, 금융 상품 개발, 위험 관리를 위한 빅데이터 분석에 대한 이해가 필요하다. ② 금융 서비스를 위한 혁신적인 기술 개발인 금융 핀테크, 금융 사기 예방, 투자 분석, 고객 서비스 개선을 위한 인공지능(AI)에 대한 이해가 필요하다. ③ 금융 관련 규제를 준수하고 위험을 관리하는 규제 준수에 대한 이해가 필요하다.

마지막으로, 서비스업에서 필요한 DX 인적자원의 역량은 다음과 같다. ① 고객 만족도 향상을 위한 전략 수립과 서비스 개선을 위한 고객 경험 개선, 고객 데이터 분석을 통한 고객 니즈 파악에 대한 이해가 필요하다. ② 마케팅 전략 수립, 고객 서비스의 자동화와 개인화, 그리고 예측 분석을 위한 인공지능(AI)에 대한 이해가 필요하다. ③ 고객 문의 응답과 고객 서비스 개선을 위한 챗봇 활용에 대한 이해가 필요하다.

(3) DX 전담 조직 구성원의 역할

디지털 전환을 성공적으로 이끌기 위해서는 핵심적인 역할을 수행하는 DX 전담 조직 구성원들의 능력과 전문성이 매우 중요하다. DX 전담 조직 구성원들이 수행하는 주요 역할은 다음과 같다.

첫째, DX 전담 조직 구성원은 조직의 비전과 목표를 달성하기 위한 DX 전략을 수립하고 추진한다. 즉, DX 비전 및 목표 설정, DX 전략 로드맵 구축, DX 전략 실행, DX 성과 측정 및 분석을 수행한다.

둘째, DX 인프라를 구축하고 운영한다. 즉, DX 인프라 설계, DX 인프라 구축, DX 인프라 운영, DX 인프라 사용자 지원을 수행한다.

셋째, DX 프로젝트를 관리한다. 즉, 프로젝트 기획, 프로젝트 실행, 프로젝트 평가, 프로젝트 이해관계자 관리를 수행한다.

넷째, 데이터를 분석하고 활용한다. 즉, 데이터 수집 및 정제, 데이터 분석, 데이터 기반 인사이트 도출, 데이터 활용 지원을 수행한다.

다섯째, 변화 관리를 수행한다. 즉, 변화 관리 전략 수립, 소통 및 교육, 저항 관리, 참여 유도, 훈련 및 역량 강화를 수행한다.

여섯째, 구성원 및 이해관계자들과의 협업 및 소통을 수행한다. 즉, 팀워크 관리, 소통 관리, 갈등 관리, 정보 공유 관리, 협력 문화 조성을 수행한다.

일곱째, 지속적인 학습과 발전을 도모한다. 즉, 최신 기술 트렌드 파악, 전문성 개발, 자기 주도 학습, 피드백 수렴, 네트워킹 관리를 수행한다.

마지막으로, 위에서 언급한 역량 외에도 비즈니스 이해, 창의력 개발, 윤리적 책임 의식, 글로벌 역량 강화 등이 조직의 디지털 전환을 성공적으로 이끌며, 기업의 경쟁력 강화에 기여하는 중요한 역할을 수행한다.

(4) DX 조직의 도메인 역량

디지털 전환을 성공적으로 이끌기 위해서는 각 도메인에 맞는 필요 역량을 갖춘 인력을 확보하고 활용하는 것이 매우 중요하다. 즉, 마케팅 및 영업 도메인에서 필요한 역량, 제품 개발 및 디자인 도메인에서 필요한 역량, 생산 및 운영 도메인에서 필요한 역량, 재무 및 회계 도메인에서 필요한 역량, 인사 및 조직 도메인에서 필요한 역량, 고객 서비스 도메인에서 필요한 역량 등이 있다. 또한, 데이터 과학, 사이버 보안, 클라우드 컴퓨팅, IT 운영 등 각 기업에게 맞는 맞춤형 DX 전략을 수립하고 실행하기 위한 도메인 역량을 점검해야 한다.

(5) DX 조직 구성원의 창업인성역량

창업인성역량이란 조직구성원의 창업자적 인품을 포함하여 기업의 DX 비즈니스 모델 추진 시 '새로이 창조하는 일'에 요구되는 DX 전담 구성원에게 필요한 인성과 역량을 종합한 개념을 의미한다. 디지털 전환을 위한 조직에서는 다음과 같은 창업인성역량을 계발할 필요가 있다.

첫째, '창업 공감 및 동기 부여 역량'으로, DX에 대한 이해와 공감을 통한 동기 부여할 수 있는 능력이다. DX의 목표와 비전을 이해하고 공감하며, DX에 대한 열정을 가지고 동기를 부여할 수 있어야 한다. 그리고 기업의 성장과 발전에 기여하고 싶은 강한 의지를 가지고, DX를 통해 긍정적인 변화를 만들고 싶어하는 열정을 가져야 하며, 조직 구성원들에게 동기를 부여하고, 긍정적인 분위기를 조성하여 조직 전체가 목표를 향해 나아갈 수 있도록 힘을 보태야 한다.

둘째, '창업 위기 감수 및 극복 역량'으로, DX에 대한 도전과 위기의식 및 성과에 대한 불안감을 극복할 수 있는 능력이다. DX는 불확실성이 높고 변화와 혁신이 요구되는 환경에서 진행된다. 따라서 DX 조직 구성원은 새로운 도전을 두려워하지 않고 적절한 위험을 감수할 수 있어야 한다. 시장 트렌드를 분석하고 새로운 기회를 발굴하며, 실패를 두려워하지 않고 적극적으로 시도하고 개선할 수 있는 태도를 가짐으로써 예상치 못한 어려움과 위기에 직면했을 때 침착하게 대처하고, 긍정적인 태도를 유지하여 해결책을 찾을 수 있는 능력이 필요하다.

셋째, '창업 두뇌 활용 및 계발 역량'으로, DX에 대한 새로운 가치 창출에 대하여 긍정적 두뇌 활용과 창의적 두뇌 계발을 통한 개방적 두뇌 혁신으로 DX 기반의 창조적 업무 혁신을 추진할 수 있는 능력이다. 창의적인 사고방식을 가지고 기존의 틀에 갇히지 않고 새로운 가능성을 모색할 수 있어야 한다. 또한, 다양한 정보와 데이터를 분석하고, 문제를 논리적으로 사고하여 창의적인 해결 방안을 제시할 수 있는 능력이 필요하다. 이를 위해서 새로운 지식과 기술을 배우고 습득하며, 끊임없이 자신을 발전시키려는 노력을 해야 한다.

넷째, '주체적 책임 및 창업 의식 역량'으로, DX에 대한 주체적 의지를 가지고 DX에 대한 책임감과 새로운 가치 창출에 대한 주도적인 의식으로 DX의 확산에 기여할 수 있는 능력이다. DX 전문가는 자신의 역할에 대한 책임감을 가지고 맡은 일에 최선을 다해 수행하는 주도적 의식이 강해야 한다. 조직의 목표를 달성하기 위해 협력하고 책임감 있게 행동하며, 조직에 기여하려는 자세를 가져야 한다. 또한, 기업의 성장과 발전에 대한 책임감을 갖고 주체적 의식으로 업무에 임하는 것이 중요하다.

종합적으로, DX를 수행하는 조직은 긍정적이고 탄력적인 문화를 조성하는 것이 중요하다. DX는 긍정적 도전이 필요하고 많은 어려움을 겪을 수 있는 과정이기 때문에 DX 조직 구성원은 긍정적인 태도를 유지해야 한다. 그리고 추진 과정에서 어떤 어려움에도 굴하지 않고 목표를 향해 나아갈 수 있어야 하며, 낙관적인 사고방식을 가지고, 긍정적인 에너지를 통해 어려움을 극복하고 목표를 달성하려는 의지를 가져야 한다. 또한, 실패를 두려워하지 않고 다시 일어설 수 있는 탄력성을 가지는 것이 중요하다.

[참고문헌]

- Kivanc Bozkus(2023), 《Organizational Culture Change and Technology: Navigating the Digital Transformation》, IntechOpen.
- 《2022 디지털 리더십 보고서》, 중앙일보.
- Marcus Wolf(2018), Arlett Semm, Christian Erfurth, "Digital Transformation in Companies - Challenges and Success Factors", Innovations for Community Services, Volume 863, pp 178-193.
- 이중환(2024), 〈뇌교육 기반 창업인성역량 모형과 척도 개발 연구〉, 국제뇌교육종합대학원대학교, 박사학위 논문.
- 〈DX 리더십〉, DX-Academy.
- 〈IT업계, 중소기업 특화 IT 통합 서비스로 DX 혁신 견인〉, 세계비즈.
- 〈KISA, 디지털 대전환 시대 새로운 패러다임 변화 분석과 정보보호의 미래를 말하다〉, 한국인터넷진흥원.
- 〈5 Steps to Customer Centric Digital Transformation〉, TTEC.
- 〈5 SUCCESS FACTORS FOR DIGITAL TRANSFORMATION〉, Strum - Strategic Branding and Analytics.
- 〈Cracking the Culture Code for Successful Digital Transformation〉, MIT Sloan Management.
- 〈Customer-centric digital transformation〉, Deloitte Insights.
- 〈Customer-centricity through digital transformation: a 3-Step framework for SMEs〉, Artkai.
- 〈Design IT Infrastructure Strategies Flexible Enough for the Unknown〉, Gartner.
- 〈Digital Transformation And Its Impact On Organizational Culture〉, Forbes.
- 〈Digital transformation - five key success factors〉, insights magazine.
- 〈Intelligent infrastructure: How an agile, robust, and flexible IT infrastructure can

make or break digital transformation〉, MIT Technology Review.
- 〈The 4 Pillars of Successful Digital Transformations〉, Harvard Business Review.
- 〈The Customer-Centric Approach to Digital Transformation〉, Martechcube.
- 〈The Essential Components of Digital Transformation〉, Harvard Business Review.
- 〈The Role of Cloud Computing in Digital Transformation〉, MSys Technologies.
- 〈Unlocking success in digital transformations〉, McKinsey.
- 〈What's next in digital transformation: data-driven decision-making〉, Deepinspire.
- 〈What is digital transformation?〉, McKinsey.

[저자소개]

이중환 LEE JOONG HWAN

학력
- 국제뇌교육종합대학원대학교 뇌교육학 박사
- 건국대학교 벤처경영공학전공 박사수료
- 고려대학교 정책과학대학원 통계조사전공 석사

경력
- 장산빅데이터거래소 대표전문위원
- 원포인트듀오 연구소장/전문위원
- 전) 주소엔 연구소장
- 전) 에이스게이트 연구소장
- 전) GDSK 부사장
- 전) 니즈아이 부사장
- 전) SPSS KOREA 팀장
- 건강보험심사평가원 면접관, OK테스트관리 지원자 면접, 기업체 인재 채용 면접 등
- 경기도경제과학진흥원, 충남일자리경제진흥원, 지자체 등 평가위원
- 데이터 기반 항공안전감독시스템 고도화(ISP)

- 광명시 도로미세먼지 발생 영향도 추정 및 노면청소차량 운행 효율화
- 세종시 전기차 충전 인프라 운영·관리 및 민원 대응 정책수립 민원 분석
- 공공빅데이터 표준분석모델(산불예방 감시자원 배치 효율화 방안)
- 부산시 문화포털구축 ISP, 2018 공공빅데이터 표준분석모델(보육서비스강화)
- 부산항만공사 GIS기반 빅데이터 활용전략 수립 (ISP) 등 다수

자격

- IP 정보검색사, IP 정보분석사(한국지식재산서비스협회)
- 걷기지도자 2급(사단법인 한국걷기협회)
- 빅데이터전문가 1급, 심리분석사 1급, 창업상권분석지도사 1급, 인지행동심리상담사 1급, SNS마케팅전문가 1급, 광고기획전문가 1급(한국자격검정평가진흥원)
- 데이터거래전문가 이수(한국데이터산업진흥원)
- KBS공공기관면접관 과정 이수, NCS교육과정 이수
- 민간 평가위원(프로) 교육 수료(한국산업인력공단)
- 빅데이터 및 AI 융합분석 교육과정 다수 이수

저서

- 《통계학 길잡이》, 이중환 역, 도서출판국제, 1995.
- 《의학·보건학 통계분석》, 이중환 외 공저, 고려정보산업, 1998.

수상

- 국제뇌교육종합대학원대학교 박사논문 우수논문상, 2024.
- 한국고객만족경영학회 우수논문상(공동), 2016.
- 지식재산학회 우수논문상(공동), 2015.
- 한국품질경영학회 우수논문상(공동), 2014.

6장

김상욱

ESG, DX, AI 기반 디지털 헬스케어 전망

1. ESG, DX, AI 기반 디지털 헬스케어 전망

현대 의료 시스템은 빠르게 변화하는 기술 혁신과 함께 지속가능성을 추구하고 있다. 헬스케어 산업은 단순히 질병 치료를 넘어, 환경적 지속 가능성, 사회적 책임, 투명한 지배구조를 포함한 다양한 요소를 통합하여 미래를 준비하고 있다.

필자는 이 책을 통해 ESG(Environmental, Social, Governance), 디지털 전환(DX, Digital Transformation), 그리고 AI(Artificial Intelligence) 기술을 기반으로 한 디지털 헬스케어의 전망을 다루고자 한다.

첫째, 헬스케어 산업에서 환경 지속가능성, 사회적 책임, 투명한 지배구조와 환자 데이터 관리의 중요성을 설명한다. 병원의 에너지 효율성 개선, 재생 가능 에너지 사용, 폐기물 관리 등의 환경적 지속 가능성, 의료 접근성 개선 및 지역사회 건강 증진 프로그램을 통한 사회적 책임 그리고 데이터 보안과 투명한 지배구조의 사례를 통해 지속 가능한 헬스케어 시스템의 구축 방법을 탐구한다.

둘째, 디지털 전환(DX)과 헬스케어 혁신을 다룬다. 스마트 헬스케어의 미래를 살펴보고, 원격 진료, 원격 모니터링, 전자 건강 기록 시스템, IoT와 블록체인 기술을 통한 혁신적인 헬스케어 솔루션을 소개한다. 이 기술들이 의료 서비스의 질과 효율성을 어떻게 향상시키는지, 이러한 변화가 의료 시스템에 어떤 영향을 미치는지 분석한다.

셋째, 의료 혁신을 중심으로 AI 기반 진단 및 치료, 질병 예측 모델, 자연어 처리와 의료 데이터 분석을 통해 의료 분야의 혁신적인 변화를 설명한다. AI를 활용한 정밀 진단과 맞춤형 치료, 질병 예측과 예방 전략 그리고 자연어 처리 기술의 활용 사례를 통해 AI가 의료 분야에 어떻게 혁신을 가져오고 있는지를 살펴본다.

넷째, 헬스케어 데이터의 윤리적 사용을 강조한다. 데이터 프라이버시와 보안의 중요성, AI와 데이터 익명화 기술, 환자 프라이버시 보호 사례, 그리고 윤리적 데이터 활용 가이드라인을 통해 의료 데이터의 안전한 관리와 윤리적 사용 방안을 탐구한다.

마지막으로, 헬스케어 격차 해소를 위한 AI 활용 방안을 제시한다. 취약 지역 의료 서비스 개선, 맞춤형 건강 교육 및 예방 캠페인 등 AI가 의료 접근성을 향상시키고 건강 격차를 줄이는 데 어떻게 기여하는지를 설명한다. 이와 함께 성공적인 사례 연구를 통해 AI 기반 솔루션의 실제 적용 사례를 제공한다.

필자는 이번 장에서 지속가능한 헬스케어 시스템 구축을 위한 다양한 전략과 기술적 접근 방법을 제시하며, ESG, 디지털 전환, 그리고 AI 기술이 헬스케어 산업에 미치는 영향을 종합적으로 분석하였다. 독자들은 이를 통해 헬스케어의 미래를 이해하고, 변화하는 환경 속에서 지속가능한 발전을 도모하는 방법을 배우게 될 것이다.

2. ESG와 헬스케어

(1) 헬스케어에서의 환경 지속가능성

1) 서론

헬스케어 산업은 그 본질적인 운영으로 인해 상당한 환경 영향을 미친다. 에너지 소비, 의료 폐기물, 그리고 다양한 화학 물질의 사용은 모두 환경에 중대한 영향을 줄 수 있다. 의료 기관이 어떻게 환경을 보호하면서도 효율적으로 운영될 수 있는지 알아보자.

2) 에너지 효율성 제고

병원은 에너지를 대량으로 소비하는 시설 중 하나이다. 에너지 효율을 개선하기 위해 고급 HVAC(Heating, Ventilating, and Air Conditioning) 시스템, 지능형 조명 제어 시스템, 고성능 창호와 같은 기술을 채택하여 운영 비용을 줄이고 환경에 미치는 부담을 경감한다. 이러한 변화는 장기적으로 비용을 절감하고, 의료 서비스의 지속가능성을 보장한다.

3) 재생 가능 에너지

의료 기관은 지속 가능한 에너지 소스로 전환함으로써 환경 보호에 기여할 뿐만 아니라 에너지 자립도를 높일 수 있다. 태양광 패널, 풍력 터빈 등을 통해 생성된 에너지는 병원 운영에 필요한 전력을 공급하고, 에너지 비용도 절감한다. 이는 또한 환경 규제 준수에도 도움이 된다.

4) 폐기물 관리

의료 폐기물의 적절한 관리와 처리는 환경 보호뿐만 아니라 환자와 직원의 건강을 보호하는 데도 중요하다. 병원은 폐기물 분류, 재활용 프로그램, 그리고 화학 폐기물과 감염성 폐기물의 안전한 처리 방법을 도입하여 환경 영향을 최소화한다.

5) 사례 연구

카이저 퍼머넌트와 같은 선도적인 의료 기관은 지속 가능한 운영 방법을 모범적으로 실행하고 있다. 이 기관은 자체 에너지 소비를 줄이고, 폐기물을 효과적으로 관리하며, 지역 사회와의 협력을 통해 환경 보호 활동에 앞장서고 있다.

(2) 사회적 책임과 의료 접근성

1) 서론

의료 서비스는 기본적인 인권이며, 모든 사람이 공정하고 평등하게 접근할 수 있어야 한다. 의료 기관은 사회적 책임을 다하며 접근성을 높이고, 의료 격차를 줄이는 데 중요한 역할을 한다.

2) 의료 서비스 접근성 개선

저소득층, 농촌 지역, 그리고 취약 계층이 거주하는 지역에서 의료 서비스 접근성을 개선하는 것은 매우 중요하다. 이를 위해 이동 의료 서비스, 지역 건강 센터의 설립, 그리고 비용을 고려한 의료 프로그램이 도입되고 있다.

3) 지역사회 건강 증진 프로그램

의료 기관은 지역사회와 협력하여 예방 접종, 정기 건강 검진, 영양 및 운동 프로그램을 제공함으로써 지역사회의 전반적인 건강을 향상시킨다. 이러한 프로그램은 장기적으로 의료 비용을 절감하고 건강한 사회를 만드는 데 기여한다.

4) 사례 연구

인도의 타타 트러스트는 원격 의료 서비스와 이동 클리닉을 통해 농촌 지역과 소외된 계층에게 필요한 의료 서비스를 제공하며, 의료 접근성을 크게 개선하였다. 이 프로그램은 의료 서비스가 필요한 사람들에게 직접 도달하며, 건강 관련 정보와 서비스를 제공하는 데 중점을 두고 있다.

(3) 투명한 지배구조와 환자 데이터 관리

1) 서론

투명한 지배구조와 환자 데이터의 안전한 관리는 의료 기관의 신뢰성과 효율성을 높이는 데 필수적이다. 환자 데이터의 보안, 개인정보 보호, 그리고 데이터 관리의 투명성은 환자의 신뢰를 얻고 법적 요구사항을 충족시키는 기반을 마련한다.

2) 환자 데이터 관리의 투명성

의료 기관은 환자 데이터를 안전하게 보관하고 접근성을 관리하기 위한 체계적인 접근 방식을 필요로 한다. 이는 데이터 보호 정책, 직원 교육 프로그램, 그리고 지속적인 시스템 감사를 통해 이루어진다.

3) 데이터 보안

데이터 보안은 기술적, 관리적, 물리적 조치를 포함하여 종합적으로 접근해야 한다. 암호화, 접근 제어, 및 네트워크 보안 솔루션을 도입하여 데이터 유출과 오용을 방지한다.

4) 사례 연구

메이요 클리닉은 환자 정보의 투명한 관리와 보안을 위한 모범 사례로 꼽힌다. 이들은 고급 보안 기술을 사용하여 환자 데이터를 보호하고, 모든 데이터 처리 과정에서 투명성을 유지하여 환자와 법적 기관의 신뢰를 얻고 있다.

3. DX와 헬스케어 혁신

(1) 스마트 헬스케어의 미래

1) 서론

스마트 헬스케어는 정보 통신 기술을 활용하여 의료 서비스를 개선하는 혁신적인 접근법이다. 이는 환자의 진료 경험을 혁신적으로 변화시키고, 의료 기관의 운영 효율성을 증가시키는 데 중점을 둔다. 또한, 스마트 헬스케어는 비용 절감과 의료 서비스의 질 향상을 동시에 추구한다.

2) 원격 진료

원격 진료는 의사와 환자 사이의 거리적 제약을 없애고 의료 자원의 균등한 분배를 가능하게 한다. 이 기술은 전문가의 진료를 필요로 하는 지역사회에 특히 중요한 영향을 미치며, 환자가 자신의 집에서 직접 전문 의료 서비스를 받을 수 있게 한다.

3) 원격 모니터링

원격 환자 모니터링 시스템은 특히 만성 질환 관리에 있어 혁신적인 변화를 제공한다. 이 시스템을 통해 의료 전문가는 환자의 건강 상태를 지속적으로 모니터링하고, 즉각적인 피드백을 제공할 수 있다. 이로 인해 의료 사고를 예방하고, 환자의 삶의 질을 향상시킬 수 있다.

4) 전자 건강 기록 시스템

전자 건강 기록(EHR, Electronic Health Records)은 의료 정보의 디지털화를 통해 정보의 신속한 전달과 오류 감소를 가능하게 한다. EHR 시스템은 환자의 의료 이력 전체를 통합 관리하여 의료 의사결정을 지원하고, 의료 서비스의 연속성을 보장한다.

5) 사례 연구

텔레헬스 프로그램의 확대는 COVID-19 팬데믹 동안 큰 성공을 거두었다. 많은 환자들이 병원 방문 없이 진료를 받을 수 있었으며, 이는 감염 위험을 줄이고 의료 시스템의 부담을 경감시켰다.

(2) 사물인터넷과 헬스케어

1) 서론

사물인터넷(IoT, Internet of Things)은 다양한 센서와 기기를 네트워크로 연결하여 데이터를 수집하고 분석하는 기술이다. 헬스케어 분야에서 IoT는 실시간 데이터 모니터링과 분석을 통해 예방 의료와 개인 맞춤 의료를 가능하게 한다.

2) 실시간 환자 모니터링

IoT 기반의 실시간 환자 모니터링 시스템은 환자의 생체 신호를 연속적으로 감시하며, 이상 징후를 조기에 감지하여 신속한 의료 개입을 가능하게 한다. 이 기술은 특히 심장 질환, 당뇨병, 그리고 호흡기 질환과 같은 만성 질환 관리에 혁신적인 개선을 제공한다.

3) 데이터 수집과 분석

건강 관련 데이터의 수집과 분석은 질병의 조기 발견, 진행 모니터링 및 치료 효과의 평가에 필수적이다. IoT 기술은 이러한 데이터를 효과적으로 수집하고 분석하여 의료 전문가가 더 정확한 진단과 효과적인 치료 계획을 수립할 수 있게 돕는다.

4) 사례 연구

핏빗과 애플 워치와 같은 웨어러블 기기는 사용자의 일상적인 활동과 건강 데이터를 추적하여 건강 관리에 중요한 정보를 제공한다. 이 기기들은 활동량, 심박수, 수면 패턴 등을 모니터링하여 사용자와 의료 제공자에게 유용한 건강 정보를 제공한다.

(3) 블록체인과 의료 데이터

1) 서론

블록체인은 데이터의 무결성, 보안 그리고 투명성을 제공하는 분산 데이터 저장 기술이다. 헬스케어 분야에서 블록체인은 특히 의료 데이터의 안전한 관리와 공유에 혁신을 가져오고 있다.

2) 데이터 보안과 공유

블록체인 기술을 활용하면 의료 데이터를 안전하게 저장하고 공유할 수 있다. 데이터는 암호화되어 블록체인에 저장되며, 모든 거래는 변경 불가능하고 추적 가능하다. 이는 데이터의 보안을 강화하고, 무단 액세스나 변경을 방지한다.

3) 환자 기록의 무결성 보장

블록체인은 환자 기록의 무결성을 보장한다. 한 번 블록체인에 입력된 데이터는 변경할 수 없으며, 모든 변경사항은 추적 가능하다. 이는 의료 사기를 방지하고, 진료 기록의 정확성을 유지하는 데 도움을 준다.

4) 사례 연구

메디컬체인 같은 플랫폼은 블록체인을 사용하여 환자 데이터를 안전하게 관리하고 공유한다. 이를 통해 환자는 자신의 의료 데이터에 대한 완전한 통제권을 가지며, 필요한 의료 서비스 제공자와 안전하게 정보를 공유할 수 있다.

4. AI와 의료 혁신

(1) AI 기반 진단 및 치료

1) 서론

인공지능(AI, Artificial Intelligence) 기술은 의료 분야에서 진단 정확성을 향상시키고, 치료 과정을 최적화하여 환자 관리를 혁신적으로 변화시키고 있다. AI는 복잡한 데이터를 분석하여 의료 전문가의 의사결정을 지원하며, 더 빠르고 정확한 진단을 가능하게 한다. 이 기술은 의료기기와 시스템의 자동화를 통해 효율성을 높이고, 의료 결과를 개선하는 데 기여한다.

2) 정밀 진단

AI는 의료 이미징, 유전자 분석 및 임상 데이터를 통합 분석하여 질병의 조기 발견 및 진단 정확도를 높인다. 이는 특히 암, 심장 질환, 그리고 신경학적 질환의 조기 발견에 중요한 역할을 한다. AI를 통한 이미지 인식 기술은 병리학적 이미지 분석에서도 사용되어 더욱 정확한 진단을 제공한다.

3) 맞춤형 치료

AI는 환자의 개별적인 건강 데이터를 분석하여 맞춤형 치료 계획을 수립한다. 이는 치료의 효과를 극대화하고 부작용을 최소화하여 환자의 회복을 촉진한다. AI는 또한 환자의 반응을 모니터링하고 치료 계획을 실시간으로 조정하여 최적의 결과를 달성한다.

4) 사례 연구

IBM 왓슨은 수천 건의 임상 연구 및 환자의 의료 기록을 분석하여 개별 환자에게 최적화된 치료 옵션을 제시한다. 이 시스템은 특히 복잡한 암 치료에서 의사의 결정을 지원하며, 다양한 치료 옵션 간의 비교 분석을 통해 가장 적합한 치료 방법을 추천한다.

(2) 질병 예측 모델과 예방 의료

1) 서론

AI를 활용한 질병 예측 모델은 환자 데이터를 분석하여 잠재적인 건강 위험을 조기에 식별한다. 이 모델은 공중 보건의 예방 전략을 향상시키고 의료 자원의 효율적 사용을 가능하게 한다. 이러한 기술은 건강한 생활 습관을 촉진하고, 질병의 예방 및 관리를 위한 전략을 개발하는 데 중요한 역할을 한다.

2) AI를 활용한 질병 예측

AI 기술은 다양한 건강 지표와 역사적 의료 데이터를 분석하여 특정 질병의 발병 가능성을 예측한다. 이 정보는 예방 조치와 조기 치료를 가능하게 하여 건강 결과를 개선한다. 예를 들어, AI는 심장 질환의 위험 요인을 분석하여 개인별 맞춤 예방 조치를 제공할 수 있다.

3) 빅데이터 분석을 통한 건강 관리

빅데이터 분석은 건강 관리에서 개인별 위험 요소를 식별하고, 맞춤형 건강 증진 프로그램을 개발하는 데 활용된다. 이는 건강한 생활 습관을 장려하고, 전반적인 인구 건강을 향상시킨다. AI와 빅데이터 기술은 건강 데이터의 대규모 분석을 통해 보다 효과적인 건강 관리 전략을 수립하는 데 필수적이다.

4) 사례 연구

구글 딥마인드는 AI를 사용하여 안구 질환을 조기에 발견하기 위해 안저 사진을 분석한다. 이 기술은 정확한 진단을 제공하며, 실명을 예방하는 데 기여한다. 이 프로젝트는 의료 이미징 분야에서 AI의 가능성을 보여주는 중요한 사례로, 다른 많은 질병에 대한 조기 진단 가능성을 열었다.

(3) 자연어 처리와 의료 데이터 분석

1) 서론

자연어 처리(NLP, Natural Language Processing) 기술은 의료 데이터에서 유용한 정보를 추출하고 분석하는 데 중요한 도구이다. NLP는 의료 기록, 연구 논문, 그리고 환자 상호작용에서 대량의 텍스트 데이터를 처리하여, 의료 전문가가 더 나은 의사 결정을 할 수 있도록 지원한다.

2) 의료 기록과 논문 분석

NLP는 의료 기록에서 중요한 정보를 식별하고 요약하여 의료 전문가가 환자 관리에 더 많은 정보를 가지고 결정할 수 있게 한다. 또한, 최신 연구 논문에서 중요한 발견을 신속하게 파악하는 데 사용된다. 이 기술은 연구자들이 수많은 의료 문서를 효과적으로 분석하고, 중요한 의료 발견을 빠르게 실용화하는 데 기여한다.

3) 자연어 처리 기술의 활용

NLP는 의료 상담 및 환자 지원 시스템에서도 사용되어, 환자와의 상호작용을 자동화하고 개선한다. 이 기술은 환자의 질문에 자동으로 응답하고, 의료 정보를 제공하는 데 활용된다. NLP 기반 시스템은 환자의 의사소통을 보조하고, 의료 전문가에게 환자 상태에 대한 심층적인 통찰을 제공한다.

4) 사례 연구

존스홉킨스대학은 NLP를 사용하여 의료 연구 논문 분석을 통해 새로운 의료 지식과 트렌드를 신속하게 파악한다. 이 대학은 NLP를 사용하여 연구 데이터에서 중요한 패턴과 트렌드를 식별하고, 의료 연구 및 실습에 적용한다. 이 접근법은 의료 분야에서 지식 전달을 가속화하고, 최신 연구 결과를 실제 임상에 효과적으로 통합하는 데 기여한다.

5. 헬스케어 데이터의 윤리적 사용

(1) 데이터 프라이버시와 보안

1) 서론

헬스케어 분야에서 데이터 프라이버시와 보안은 매우 중요한 이슈이다. 의료 데이터에는 환자의 개인적이고 민감한 정보가 포함되어 있어,

이를 안전하게 보호하는 것은 환자의 신뢰를 유지하고 법적 규제를 준수하는 데 필수적이다. 데이터 보호의 중요성을 알아보고 의료 분야에서 데이터 보안을 강화하는 다양한 기술과 방법을 살펴보자.

2) AI와 데이터 익명화 기술

AI와 데이터 익명화 기술은 의료 데이터를 활용하는 동시에 개인의 프라이버시를 보호하는 데 중요한 역할을 한다. 이 기술들은 데이터에서 개인을 식별할 수 있는 정보를 제거하거나 변조하여, 연구 및 분석 목적으로 데이터를 안전하게 사용할 수 있도록 한다. 익명화 처리된 데이터는 환자의 동의 없이도 연구에 사용될 수 있으며, 이는 의학적 발견과 헬스케어 혁신을 가속화하는 데 기여한다.

3) 환자 프라이버시 보호 사례

전 세계적으로 많은 의료 기관과 기업들이 환자의 프라이버시 보호를 위한 모범 사례를 개발하고 있다. 이들은 기술적 조치뿐만 아니라 조직적 절차와 정책을 통해 데이터 보호를 강화하고 있다. 예를 들어, 데이터 액세스를 엄격하게 제한하고, 데이터 사용과 공유에 대한 규제를 설정함으로써 정보의 안전을 보장한다.

4) 사례 연구

HIPAA(Health Insurance Portability and Accountability Act) 규정은 미국에서 의료 정보의 프라이버시와 보안을 보장하는 핵심 법률이다. HIPAA는 의료 제공자, 보험사 및 기타 관련 기업들이 환자 정보를 취급할 때 엄격한 프라이버시 보호 기준을 준수하도록 요구한다. 이 법률은 데이터 보호에 대한 포괄적인 접근 방식을 제공하며, 데이터 유출이나 오용으로부터 환자를 보호하는 데 중요한 역할을 한다.

(2) 윤리적 데이터 활용 가이드라인

1) 서론

의료 분야에서 데이터의 윤리적 활용은 점점 더 중요해지고 있다. 의료 데이터는 연구와 진료의 질을 향상시키는 데 필수적이지만, 이 데이터를 어떻게 취급하고 활용하는지에 대한 윤리적 고려가 필요하다. 의료 데이터 활용의 윤리적 문제와 이를 해결하기 위한 국제적인 가이드라인을 살펴보자.

2) 데이터 활용 윤리적 문제

의료 데이터 활용 시 발생할 수 있는 윤리적 문제에는 환자의 동의,

데이터 최소화 원칙 그리고 환자의 데이터 접근 권한 등이 있다. 환자의 정보는 그들의 명시적 동의 없이는 사용되어서는 안 되며, 연구 목적으로 필요한 최소한의 정보만을 수집해야 한다. 또한, 환자는 자신의 데이터에 접근하고 이를 통제할 권리가 있어야 한다.

3) 글로벌 사례와 가이드라인

전 세계적으로 다양한 국가에서 의료 데이터의 윤리적 활용을 위한 가이드라인을 개발하고 있다. 유럽연합(EU, European Union)의 일반 데이터 보호 규정(GDPR, General Data Protection Regulation)은 개인 데이터의 보호를 강화하는 엄격한 규정을 제공하며, 의료 데이터의 활용에 있어서도 환자의 권리를 강조한다. 이와 같은 국제적 가이드라인은 데이터 보호 및 환자 권리 보장에 대한 기준을 설정한다.

4) 사례 연구

세계보건기구(WHO, World Health Organization)는 데이터의 윤리적 활용에 대한 국제적 가이드라인을 제공하여, 의료 데이터의 안전한 사용을 촉진한다. WHO의 가이드라인은 데이터 보호, 환자의 동의, 데이터 접근성 등을 포함하여, 전 세계적으로 의료 데이터의 윤리적 관리를 지원한다. 이는 글로벌 보건 연구 및 진료의 투명성과 신뢰성을 높이는 데 중요한 기여를 한다.

6. 헬스케어 격차 해소를 위한 AI 활용

(1) 취약 지역 의료 서비스 개선

1) 서론

헬스케어 격차는 특히 취약한 지역에서 심각한 문제를 일으키며, 이러한 지역에서의 의료 자원 부족은 종종 생명을 위협한다. AI 기술은 이 문제에 대한 혁신적인 해결책을 제공하여, 의료 자원의 분배를 최적화하고 의료 접근성을 향상시키는 데 기여할 수 있다. AI가 어떻게 헬스케어 격차를 줄일 수 있는지 알아보고, 원격 진료와 의료 자원 배분을 최적화하는 데 어떤 역할을 하는지를 살펴보자.

2) 원격 진료

원격 진료는 의료 전문가가 물리적으로 도달하기 어려운 지역의 환자들에게 진료를 제공할 수 있는 기술이다. AI를 통해 원격 진료 시스템은 환자의 증상과 의료 기록을 분석하여 진단을 지원하고, 필요한 의료 자원을 효율적으로 할당한다. 이는 의료 서비스의 품질을 높이는 동시에 비용을 절감할 수 있도록 돕는다.

3) AI 기반 의료 자원 배분 최적화

AI는 의료 자원 배분을 최적화하는 데 중요한 도구이다. 복잡한 알고리즘과 데이터 분석을 통해, AI는 어느 지역에 어떤 의료 자원이 가장 필요한지를 파악하고, 자원을 효과적으로 배분한다. 이는 의료 서비스의 전반적인 효율성을 향상시키고, 취약 지역에 적절한 의료 서비스를 제공하는 데 기여한다.

4) 사례 연구

아프리카의 원격 진료 프로그램은 AI 기술을 활용하여 의료 접근성 문제를 해결하는 데 큰 성공을 거두었다. 이 프로그램은 환자에게 필요한 의료 정보와 지원을 제공하고, 현지 의료 전문가에게 실시간 데이터를 제공하여 진료 결정을 돕는다. 이러한 접근 방식은 특히 의료 인프라가 부족한 지역에서 큰 변화를 가져왔다.

(2) 맞춤형 건강 교육 및 예방 캠페인

1) 서론

맞춤형 건강 교육은 개인의 건강 상태와 생활 습관에 맞춘 정보를 제공하여 건강 행동을 개선하는 데 중요하다. AI는 이러한 교육을 더욱 효과적으로 만들기 위해 개인화된 정보와 교육 자료를 생성할 수 있다. AI가 어떻게 건강 교육 프로그램을 혁신하고, 예방 캠페인의 효과를 높이는 데 기여하는지를 살펴보자.

2) AI를 활용한 건강 교육 프로그램

AI 기술은 개인의 건강 데이터를 분석하여 맞춤형 건강 교육 자료를 제공한다. 이는 사용자의 참여를 높이고, 건강한 생활 습관을 장려하는 데 효과적이다. AI가 제공하는 데이터 기반 통찰력은 교육 자료의 내용을 최적화하고, 개인의 필요와 선호에 맞춰 조정된다.

3) 예방 캠페인 사례와 효과

AI는 대규모 건강 데이터를 분석하여 인구의 건강 추세와 위험 요소를 식별한다. 이 정보를 바탕으로, AI는 맞춤형 예방 캠페인을 설계하고 실행할 수 있다. 이러한 캠페인은 질병의 예방 가능성을 높이고, 공중 보건 목표의 달성에 기여한다.

4) 사례 연구

미국질병통제예방센터(CDC, Centers for Disease Control and Prevention)는 AI를 활용하여 인플루엔자와 COVID-19와 같은 질병에 대한 예방 캠페인을 효과적으로 수행하였다. AI는 대상 인구의 행동 패턴과 건강 데이터를 분석하여 캠페인의 메시지를 개인화하고, 정보 전달의 시기와 방법을 최적화한다. 이러한 접근 방식은 예방 캠페인의 성공률을 높이고, 보다 많은 사람들에게 긍정적인 건강 행동 변화를 유도한다.

디지털 헬스케어의 전망은 ESG, 디지털 전환 그리고 AI 기술의 융합을 통해 더욱 밝아지고 있다. 필자가 다룬 다양한 사례와 연구들은 헬스케어 산업이 환경적 지속가능성을 확보하고, 사회적 책임을 다하며, 투명한 지배구조를 구축하는 데 중요한 역할을 하고 있음을 보여준다.

첫째, 헬스케어의 환경 지속가능성, 사회적 책임, 투명한 지배구조와 환자 데이터 관리의 중요성을 알아보았고, 의료기관이 지속가능한 운영을 통해 환경 보호와 사회적 책임을 다할 수 있도록 해결 방안을 제시하였다. 이러한 접근 방식은 장기적으로 의료 서비스의 질을 향상시키고, 환자의 신뢰를 구축하는 데 필수적이다.

둘째, DX와 헬스케어 혁신은 정보 통신 기술을 통해 의료 서비스의 접근성과 효율성을 획기적으로 개선하는 방법을 알아보았다. 원격 진료, 원격 모니터링, 전자 건강 기록 시스템, IoT와 블록체인 기술은 의료 분야에서 혁신적인 변화를 일으키고 있으며, 이러한 기술들이 의료 시스템에 긍정적인 영향을 미치고 있다.

셋째, 의료 혁신을 통해 AI 기술이 의료 분야에 어떻게 혁신을 가져오는지 알아보았다. AI 기반 진단 및 치료, 질병 예측 모델, 자연어 처리와 의료 데이터 분석은 의료 진단의 정확성을 높이고, 맞춤형 치료 계획을 수립하며, 질병 예방과 관리에 중요한 역할을 하고 있다.

넷째, 헬스케어 데이터의 윤리적 사용을 알아보았다. 데이터 프라이버시와 보안의 중요성, AI와 데이터 익명화 기술, 윤리적 데이터 활용 가이드라인을 통해 의료 데이터의 안전한 관리와 윤리적 사용 방안을 제시하였다. 이는 의료 데이터의 보호와 환자의 프라이버시를 지키는 데 필수적이다.

마지막으로, 헬스케어 격차 해소를 위한 AI 활용 방안을 제시하였다. 취약 지역 의료 서비스 개선, 맞춤형 건강 교육 및 예방 캠페인을 통해 AI가 의료 접근성을 향상시키고 건강 격차를 줄이는 데 기여하는 방법을 알아보았다. 성공적인 사례 연구를 통해 AI 기반 솔루션의 실제 적용 사례도 살펴보았다.

결론적으로, 디지털 헬스케어의 미래는 ESG, 디지털 전환 그리고 AI 기술의 융합을 통해 더욱 혁신적이고 지속가능하게 발전할 것이다. 이러한 변화를 이해하고, 미래의 헬스케어 시스템을 설계하는 데 필요한 지식과 통찰력을 제공하며, 헬스케어 산업의 지속가능한 발전을 위한 구체적인 방안을 제시한다. 독자들은 이를 통해 헬스케어의 미래를 보다 명확히 이해하고, 변화하는 환경 속에서 지속가능한 발전을 도모하는 방법을 배우게 될 것이다.

[참고문헌]

- Kaiser Permanente. "Sustainability at Kaiser Permanente." KP, 2021.
- Tata Trusts. "Healthcare Initiatives by Tata Trusts." Tata Trusts, 2020.
- Mayo Clinic. "Case Study on Data Management." Mayo Clinic, 2021.
- Global Telehealth Resource. "Case Studies on Telehealth Success." GTR, 2022.
- Consumer Health Technology Journal. "Impact of Wearable Technology on Consumer Health." CHTJ, 2021.
- Medicalchain Whitepaper. "Decentralized Healthcare Records." Medicalchain, 2021.
- IBM Research. "AI in Healthcare: The Use of IBM Watson in Oncology." IBM, 2021.
- Google Health Studies. "DeepMind's Role in Early Disease Detection." Google, 2020.
- Johns Hopkins University. "Case Study on NLP in Medical Research." JHU, 2022.
- U.S. Department of Health & Human Services. "HIPAA Compliance for Healthcare Data Protection," 2021.
- World Health Organization. "WHO Guidelines on Ethical Use of Medical Data," 2020.
- Global Health Initiative. "Case Studies on AI-Driven Healthcare in Africa," 2022.
- U.S. Centers for Disease Control and Prevention. "Effective Prevention Campaigns with AI: Lessons from the CDC's Use of Artificial Intelligence," 2023.

[저자소개]

김상욱 KIM SANG UK

학력

- 한양대학교 기술경영전문대학원 기술경영학박사
- 한양대학교 기술경영전문대학원 기술경영학석사
- 서강대학교 융합의생명공학전공 공학박사

경력

- 현) 한국과학기술지주(주) 투자성장본부 부장
- 현) 한국벤처창업학회 이사
- 전) 솔브레인홀딩스(주) 기업부설연구소 연구소장
- 전) 솔브레인홀딩스(주) 신사업전략팀장
- 전) 미국 Roswell ME Inc. PMO
- 전) ㈜씨젠 연구기획팀 선임연구원

자격

- 창업기획자
- 기술거래사

- 벤처캐피탈리스트
- M&A거래사
- 바이오기술투자분석사 1급
- 바이오기술투자분석사 2급

수상

- 산업통상자원부장관 표창(기술사업화 유공)
- 올해의 솔브레인상(개인 창의부분)
- 씨젠 우수 직원상
- 과학기술정보통신부 국가과학기술 우수성과 100선
- BIOTRONICS Conference Best Poster Award
- NANOKOREA 우수포스터발표상
- 한국바이오칩학회 우수논문발표상
- 한국화학공학회 우수포스터발표상
- 한국생물공학회 우수포스터발표상

7장

이한규

테라파워 나비효과: 생성형 AI 시대의 글로벌 전기전쟁 (E-War)

1. 도입

21세기에 접어들면서 인공지능(AI) 기술은 눈부신 발전을 이루었다. 특히 생성형 AI는 이미지 생성, 텍스트 작성, 음악 작곡 등 다양한 분야에서 인간의 창의력을 보완하고 향상시키는 중요한 도구로 자리 잡고 있다. ChatGPT, 코파일럿, Gemini, Claude 등 LLM 기반의 생성형 AI 모델들은 우리의 일상과 업무 방식을 근본적으로 변화시키고 있다. 이러한 혁신적인 기술의 발전은 우리의 생활을 풍요롭게 하고 있지만, 동시에 막대한 전력 소비라는 새로운 문제가 대두되고 있다.

생성형 AI 모델 훈련과 운영을 위해서는 대규모 데이터 센터가 반드시 필요하며, 이들 센터는 엄청난 양의 전력을 소비하게 된다.

생성형 AI로 인한 추가 전력 수요는 일본 전체의 전력 소비량인 1,000TWh를 상회할 것으로 추정되고 있다. 이는 대한민국 전체 전력 소비의 두 배에 달할 정도의 엄청난 양이다. 생성형 AI의 지속적 기술 발전과 보급이 확산되면 될수록, 전력 수요의 급격한 증가는 피할 수 없을 것으로 보인다.

이러한 막대한 전력 소비는 단순한 기술적 문제를 넘어 환경적 지속 가능성에 대한 깊은 우려를 야기할 것이다. 특히 화석 연료에 의존하는 전력 생산 방식은 지구 온난화와 같은 환경 문제를 더욱 악화시킬 수 있다. 따라서 생성형 AI의 발전과 함께 청정에너지원의 확대가 시급한 과제로 대두되고 있다.

이러한 맥락에서 주목받는 기술이 '소형 모듈형 원자로(SMR)'이다. 대형 원자로와 비교하여, SMR은 더 작은 규모로 설계되어 대규모 전력수요처 인근 지역에 배치시킬 수 있다는 장점과 함께, 사용연한이 도래하는 대형 원자로를 대체할 수 있는 신기술로 서서히 거론되고 있다. 빌 게이츠가 창립한 테라파워와 대한민국에서 개발한 SMART 소형 원자로는 새로운 에너지원으로서의 가능성을 설명하는 사례로 거론되고 있다.

2. 생성형 AI의 전력 소비 전망

AI 모델의 규모는 계속해서 커지고 있으며, 더 많은 데이터와 복잡한 알고리즘이 필요해지면서 모델 학습과 실행에 필요한 계산량은 기하급수적으로 증가하고 있다.

예를 들어, GPT-3 모델은 약 1,750억 개의 매개변수를 가지고 있으며, 이를 학습하는 데에만 수백 MWh의 전력이 소요된다고 추정되고 있다. GPT-3의 후속 모델인 GPT-4는 훨씬 더 많은 데이터로 학습되었으므로, 이로 인해 전력 소비가 상당히 증가한 수준이었을 것은 자명하다.

실제 운영 과정에서 발생하는 추론(Inference) 작업, 데이터 전처리, 결과 후처리 등의 과정에서도 막대한 양의 전력이 소비된다. 또한, 데이터 센터의 냉각 시스템에도 추가적인 에너지 소모가 필요하다.

생성형 AI의 활용 범위가 확대됨에 따라, 이를 실시간으로 운영하고 활용하는 사례가 점점 늘어나고 있다. 챗봇, 가상 비서, 자동화된 콘텐츠 생성, 이미지 및 비디오 편집 등 다양한 서비스에서 생성형 AI가 활용되고 있다. 이는 추가적인 전력 소비를 초래하며, 특히 엣지 컴퓨팅의 발전으로 AI 모델이 모바일 기기나 IoT 장치에서 직접 실행되는 경우가 증가하면서 전력 소비가 더욱 가속화될 전망이다. 데이터 센터는 서버의 과열을 방지하기 위해 대규모 냉각 시스템을 운영해야 하며, 이는 전체 전력 소비의 큰 부분을 차지할 것으로 보인다.

국제에너지기구(IEA)의 보고서에 따르면, 데이터 센터와 데이터 네트워크의 전력 소비량은 2020년 기준 전 세계 전력 소비의 약 1%를 차지했으며, 이 비율이 계속해서 증가할 것으로 예상하고 있으며, 특히 생성형 AI의 급속한 발전과 보급으로 인해 더욱 가파르게 상승할 것으로 전망하고 있다.

이러한 전력 소비의 증가는 전력 공급 체계에 큰 부담을 주며, 화석 연료를 기반으로 한 전력 생산이 주를 이루는 국가에서는 탄소 배출 증가로 이어져 기후 변화 문제를 더욱 악화시킬 수 있다.

따라서 생성형 AI의 발전과 함께 지속가능한 에너지원을 확대하기 위한 전략적 노력이 필요하다. 이는 단순히 전력 공급량을 늘리는 것을 넘어, 청정에너지원의 비중을 높이고 에너지 효율성을 개선하는 등의 종합적인 접근이 요구된다. 이러한 맥락에서 소형 원자로와 같은 새로운 에너지 기술의 등장과 함께, 기존 신재생에너지 기술의 지속적인 발전이 중요한 역할을 할 것으로 기대된다.

3. 소형 원자로의 등장

소형 모듈형 원자로(SMR)는 기존 대형 원자로보다 더 안전하고 경제적이며, 탄소 배출이 없는 청정에너지원이 될 수 있다는 의견이 제시되고 있다. SMR은 일반적으로 300MW 이하의 전기 출력을 가진 원자로를 지칭하며, 모듈화된 설계로 인해 공장에서 제작하여 현장에서 조립할 수 있는 장점이 있다고 알려지고 있다.

테라파워의 소듐 냉각 고속로(SFR) 기술은 SMR의 대표적인 예시다. 이 기술은 기존의 경수로와 달리 소듐을 냉각재로 사용하여 더 높은 효율을 달성할 수 있고, 소듐은 물보다 열전도율이 훨씬 높아 효율적인 열전달이 가능하며, 대기압에서도 작동할 수 있어 시스템의 단순화가

가능할 전망이다. 또한, 방사성 폐기물의 양을 줄이고 사용 후 연료를 재활용할 수 있는 가능성을 제시하여 환경적 측면에서도 기존의 대형 원자로 대비 장점을 확보할 수 있다고 알려져 있다.

대한민국에서 개발된 SMART(System-integrated Modular Advanced ReacTor) 원자로는 국제원자력기구(IAEA)의 인증을 받은 다목적 원자로로서, 전력뿐만 아니라 열에너지도 동시에 생산할 수 있도록 설계되었다. SMART 원자로는 열출력 330MW, 전기출력 100MW급의 소형 원자로로, 발전소 외에도 해수 담수화, 지역난방, 산업용 열원 등 다양한 분야에 활용될 수 있다. 이러한 다목적 사용 가능성은 SMART 원자로가 다양한 에너지 수요를 충족시키는 데 매우 유리하다는 것을 의미한다.

소형 원자로들은 생성형 AI로 인한 급증하는 전력 수요를 충족시키는 데 유리한 잠재조건을 가지고 있다. 대형 원자로에 비해 설치와 운영이 용이하며, 필요에 따라 유연하게 전력 공급을 조절할 수 있는 장점이 있다. 또한, 모듈화된 설계로 인해 건설 기간과 비용을 줄일 수 있어, 급증하는 전력 수요에 빠르게 대응할 수 있다고 주장한다.

이러한 특성은 분산 전원 시스템의 구축에도 크게 기여할 수 있다. 기존의 대규모 중앙집중식 발전소에 의존하는 전력 공급 체계와 달리, 소형 원자로를 활용한 분산 전원 시스템은 전력 공급의 안정성과 효율성을 높일 수 있어, 생성형 AI의 데이터 센터가 전 세계 곳곳에 분산되어 있는 현실을 고려할 때 유리한 지위를 확보할 수 있을 것으로 예상된다.

예를 들어, 구글이나 아마존과 같은 글로벌 빅테크 기업들은 전 세계 곳곳에 데이터 센터를 운영하고 있다. 이들 데이터 센터의 위치는 전력 공급의 안정성, 냉각 효율성, 네트워크 연결성 등 여러 요인을 고려하여 결정된다. 소형 원자로는 이러한 데이터 센터들에 안정적으로 에너지를 공급할 수 있는 이상적인 솔루션이 될 수 있다고 주장한다.

특히 전력 인프라가 부족한 지역에서도 소형 원자로를 통해 안정적인 전력 공급이 가능해져, 글로벌 데이터 센터 네트워크의 확장을 지원할 수 있다.

소형 원자로의 이러한 특성은 특히 대규모 인프라 구축이 어려운 지역이나 신속한 에너지 공급이 필요한 지역에서 더욱 유용할 수 있을 것이다. 예를 들어, 재난 발생 시나 군사 작전 지역에서도 소형 원자로를 통해 안정적인 에너지 공급이 가능하다. 또한, 소형 원자로는 기존의 에너지 인프라와 결합하여 하이브리드 에너지 시스템을 구축하는 데에도 기여할 수 있다.

미국 에너지부(DOE)의 보고서에 따르면, SMR은 2030년대 중반까지 전 세계적으로 약 65~85GW의 설비용량을 차지할 것으로 예상된다. 이는 약 65~85개의 대형 원자로에 해당하는 용량으로, 생성형 AI

의 전력 수요 증가에 대응할 수 있는 상당한 잠재력을 보여준다.

더불어, SMR은 기존 원자로에 비해 안전성이 크게 향상되었다. 피동 안전 시스템, 지하 설치, 소형화로 인한 노심 용융 위험 감소 등 다양한 안전 기술이 적용되어 있다. 예를 들어, NuScale Power의 SMR 설계는 외부 전원 공급 없이도 안전하게 원자로를 정지하고 냉각할 수 있는 피동 안전 시스템을 갖추고 있다.

또한, SMR은 재생에너지와의 통합 가능성도 높다. 변동성이 큰 태양광이나 풍력 발전의 보완 전원으로 SMR을 활용할 수 있어, 100% 청정에너지 시스템 구축에 기여할 수 있다는 주장이 나오고 있는 실정이다.

4. 제11차 전력수급계획과 생성형 AI

대한민국 정부는 국가 전력 수급의 안정성과 효율성을 높이기 위해 2년마다 전력수급기본계획을 수립하고 발표한다. 2024년에 발표된 제11차 전력수급기본계획 실무안은 향후 15년 동안의 전력 수급 예측과 공급 방안을 포함하고 있다. 이 계획은 기존의 에너지 전환 정책을 지속하면서, 신재생에너지의 비중을 확대하고 에너지 효율성을 높이려는 방향을 담고 있다.

그러나 이 계획에는 생성형 AI로 인한 추가 전력 수요가 반영되지 않았다는 지적이 있다. 생성형 AI의 급격한 발전과 확산으로 인해 전력 수요는 크게 증가할 것으로 예상되지만, 이러한 변화를 충분히 고려하지 못한 것이다. 이는 향후 전력 수급에 있어 변수가 될 수 있으며, 이에 대한 대책 마련도 반드시 필요하다.

생성형 AI의 전력 소비가 주로 전기요금이 저렴하고 안정적인 전력 공급이 가능한 지역으로 집중될 가능성이 높아 특정 지역의 전력 수급 불균형 문제를 초래할 수 있다. 예를 들어, 데이터 센터가 집중된 지역의 경우 이미 전력 수급에 어려움을 겪고 있으며, 생성형 AI의 확산으로 이 문제가 더욱 심화될 수 있다.

또한, 데이터 센터의 냉각에 필요한 추가적인 전력 소비도 고려해야 한다. 데이터 센터의 냉각 시스템은 전체 전력 소비의 약 40%를 차지할 정도로 비중이 높아질 것이라는 전망이 있다. 따라서 데이터 센터의 에너지 효율성을 높이는 것도 중요한 과제가 될 것이다.

에너지 효율성을 높이기 위한 기술 개발과 정책 지원도 병행되어야 한다. 예를 들어, 데이터 센터의 에너지 효율성을 높이기 위한 기술 개발 지원을 확대하고, 에너지 효율이 높은 데이터 센터에 인센티브 제도를 도입하는 등의 노력이 필요한 시점이 되었다.

정부와 민간기업, 학계, 시민사회 등이 함께 협력하는 것이 중요하다. 전력 수급의 안정성을 확보하기 위해 다양한 이해관계자들이 참여하여 종합적인 대책을 마련하는 것이 필요하다. 예를 들어, 정부는 정책적 지원과 규제 완화를 통해 신재생에너지와 소형 원자로의 도입을 검토하고, 민간기업은 기술 개발과 투자를 통해 혁신적인 에너지 솔루션을 제시할 수 있다. 학계는 연구와 교육을 통해 새로운 기술과 정책 방안을 제시하고, 시민사회는 지속 가능한 에너지 소비문화를 확산시키는 역할을 할 수 있다.

국제적 협력을 통해 다른 국가들의 경험과 기술을 공유하고, 글로벌 에너지 문제 해결에 기여할 수 있다. 예를 들어, 대한민국은 전력수급 기본계획을 수립하는 과정에서 다른 국가들의 성공 사례를 참고하고, 이를 바탕으로 자국의 에너지 정책을 개선할 수 있다. 특히 생성형 AI의 전력 소비에 대응하는 선진국들의 정책과 기술을 벤치마킹하여, 보다 효율적이고 지속 가능한 전력 수급 체계를 구축할 수 있을 것이다.

5. 소형 원자로의 안전성 검증

소형 원자로의 안전성 검증은 아직 초기 단계에 있다. 소형 원자로가 전력 생산의 주요 수단으로 채택될 경우, 예상치 못한 기술적 문제나 사고가 발생할 가능성을 배제할 수 없다. 체르노빌이나 후쿠시마 원전 사고와 같은 대형 사고의 경험은 원자력 발전의 안전성에 대한 경각심을 높이고, 원자력 발전의 위험성을 상기시키는 만큼 소형 원자로의 안전성을 철저히 검증해야 할 필요가 있다.

소형 원자로는 설계상 기존의 대형 원자로보다 안전하다고 주장되지만, 이를 실제 운영 환경에서 검증하는 것이 매우 중요하다. 특히, 새로운 기술과 설계가 적용된 만큼 예상치 못한 문제가 발생할 가능성도 있다. 따라서 소형 원자로의 안전성을 철저히 검증하고 잠재적 위험을 제로화하기 위한 노력이 반드시 필요하다.

예를 들어, NuScale Power의 소형 모듈형 원자로는 피동 안전 시스템을 도입하여 외부 전원 없이도 원자로를 안전하게 정지시킬 수 있다고 주장한다. 그러나 이러한 시스템은 이론적으로 매우 안전하다고 주장하고 있지만, 실제 운영 환경에서의 성능과 신뢰성에 대한 검증은 아직 시작되지도 않은 상태다.

또한, 방사성 고준위 폐기물 저장 대책도 여전히 미비한 상황이다. 소형 원자로가 기존 원자로에 비해 폐기물 발생량이 적다고는 하지만, 여전히 고준위 방사성 폐기물이 발생한다. 이러한 폐기물의 안전한 저장과 처리는 원자력 발전의 가장 큰 과제 중 하나다. 현재까지 고준위 폐기물의 안전한 장기 저장을 위한 완벽한 해결책은 제시되지 않고 있다. 많은 국가들이 지하 깊숙한 곳에 영구적으로 저장하는 방안을 고려하고 있으나, 이러한 저장소의 건설과 운영에는 막대한 비용과 기술적 어려움이 따른다.

예를 들어, 핀란드의 온칼로 처분장은 세계 최초의 고준위 방사성 폐기물 영구 처분장으로, 약 100년간 운영될 예정이다. 그러나 이러한 시설의 건설과 운영에는 막대한 비용이 소요되며, 장기적인 안전성에 대한 우려도 여전히 존재한다.

따라서 소형 원자로의 도입과 함께 방사성 폐기물 관리에 대한 명확한 해결책을 마련하는 것이 중요하다. 기술적 해결책뿐만 아니라 사회적 합의와 제도적 장치도 함께 고려해야 한다. 특히, 방사성 폐기물 처리 시설의 위치 선정과 관련된 지역 사회와의 갈등 해결, 장기적인 모니터링 체계 구축 등이 꼭 필요하다.

소형 원자로의 안전성 검증을 위한 국제적 협력과 표준화된 규제 체계의 마련도 선행되어야 한다. 각국의 규제 기관들이 협력하여 소형원자로의 안전성 평가 기준을 수립하고, 이를 바탕으로 철저한 검증 절차를 거치도록 해야 한다. 이는 소형 원자로 기술의 신뢰성을 높이고, 국제적인 확산을 촉진하는 데 크게 기여할 수 있다.

국제적 협력의 한 예로, 여러 나라의 원자력 규제 기관이 협력하여 소형 원자로의 안전성 검증을 위한 공동 연구를 진행할 수 있다. 이를 통해 각국의 기술적 경험과 노하우를 공유하고, 소형 원자로의 안전성을 높이는 데 기여할 수 있다.

또한, 국제기구와 협력하여 소형 원자로의 안전성 검증을 위한 표준화된 지침과 규제를 마련함으로써 소형 원자로의 안전성을 국제적으로 인정받을 수 있도록 해야 한다. 이는 소형 원자로 기술의 글로벌 확산과 상용화를 촉진하는 데 중요한 역할을 할 것이다.

6. 신재생에너지와 소형 원자로의 공존

신재생에너지와 소형 원자로는 상호보완적인 역할을 할 수 있다. 태양광, 풍력, 수소 등 검증된 신재생에너지의 점유율을 확대하면서 소형 원자로에 대한 추가 연구와 실증을 통해 기술 개발과 사업화를 추진해야 한다.

신재생에너지는 무한한 자원에서 전력을 생산할 수 있고 탄소 배출이 거의 없다는 장점이 있다. 특히 태양광과 풍력 발전은 기술의 발전과 함께 경제성이 크게 향상되어 많은 국가에서 주요 전력원으로 자리 잡고 있다. 예를 들어, 국제재생에너지기구(IRENA)의 보고서에 따르면, 2020년 기준으로 태양광과 육상 풍력 발전의 균등화발전비용(LCOE)이 화석연료 발전의 비용 범위 내로 진입했다.

그러나 신재생에너지는 자연조건에 따라 전력 생산량이 변동할 수 있다는 치명적인 한계를 안고 있다. 예를 들어, 밤이나 구름이 많은 날에는 태양광 발전의 효율이 떨어지고, 바람이 약한 날에는 풍력 발전의 출력이 줄어든다. 이러한 변동성은 전력 그리드의 안정성을 해칠 수 있으며, 대규모 에너지 저장 시스템이 필요하다는 문제를 안고 있다.

소형 원자로는 이러한 신재생에너지의 변동성을 보완하고 안정적인 전력 공급을 유지하는 데 중요한 역할을 할 수 있다고 주장한다. 소형 원자로는 날씨나 시간에 관계없이 일정한 출력을 유지할 수 있어, 전력 공급의 기저 부하를 담당할 수 있다. 또한, 소형 원자로의 모듈화된 특성은 전력 수요의 변화에 따라 유연하게 대응할 수 있게 해준다.

예를 들어, 미국 아이다호 국립연구소(INL)는 소형 모듈형 원자로와 재생에너지를 결합한 하이브리드 에너지 시스템을 연구하고 있다. 이 시스템에서는 재생에너지가 주요 전력원 역할을 하고, 소형 원자로가 기저 부하를 담당하며 재생에너지의 변동성을 보완하여, 안정적인 전력 공급이 가능해진다.

수소에너지는 신재생에너지와 소형 원자로를 연결하는 중요한 매개체가 될 수 있다. 신재생에너지로 생산한 잉여 전력을 이용해 수소를 생산하고, 이를 저장했다가 필요할 때 다시 전력으로 변환하는 방식으로 에너지 저장 문제를 해결할 수 있다. 소형 원자로 역시 전력 수요가 낮은 시간대의 잉여 전력을 이용해 수소를 생산할 수 있어, 에너지 시스템의 효율성을 높일 수 있다.

이러한 신재생에너지와 소형 원자로의 조화로운 활용은 안정적이고 지속가능한 전력 공급 체계를 구축하는 데 기여할 수 있다. 또한, 생성형 AI에 소요되는 전력 수요를 충족시키면서도 탄소 배출을 최소화하는 데 도움이 될 것이다.

신재생에너지와 소형 원자로의 공존은 다양한 방식으로 이루어질 수 있다. 예를 들어, 신재생에너지가 풍부한 지역에서는 태양광이나 풍력 발전을 주로 사용하고, 날씨 조건이 좋지 않을 때는 소형 원자로를 보조 전력원으로 사용하는 방식이 가능하다. 또한, 에너지 저장 시스템과 결합하여 에너지 공급의 안정성을 높일 수 있다. 이러한 하이브리드 에너지 시스템은 전력 공급의 신뢰성을 높이고, 탄소 배출량을 줄이는 데 기여할 수 있을 것이다.

아울러 신재생에너지와 소형 원자로의 결합은 에너지 전환을 가속화하고, 경제적 효율성을 높이는 데에도 기여할 수 있다. 신재생에너지의 변동성을 소형 원자로가 보완함으로써 에너지 시스템 전체의 안정성과 효율성을 향상시킬 수 있다.

7. 대형 원자로를 대체하는 소형 원자로

현재 가동 중인 대형 원자로의 수명이 다할 때쯤 소형 원자로가 시장에 진입할 수 있도록 제도적 준비가 필요하다. 대형 원자로의 가동 시한 연장 없이 폐쇄하고 소형 원자로를 대체할 수 있도록 제도화가 필요하다.

이를 위해 먼저 소형 원자로의 설치와 운영에 대한 명확한 규제와 기준을 마련해야 한다. 기존의 대형 원자로에 적용되던 규제를 그대로 적용하기보다는 소형 원자로의 특성을 고려한 새로운 체계가 필요하다. 예를 들어, 소형 원자로의 모듈화된 특성을 고려한 인허가 절차, 안전성 평가 기준 등을 마련해야 한다.

미국 원자력규제위원회(NRC)는 이미 소형 모듈형 원자로에 대한 별도의 규제 지침을 마련하고 있다. 이 지침은 소형 원자로의 특성을 고려하여 안전성 평가 기준, 부지 선정 기준, 비상 계획 요구사항 등을 조정하고 있다. 한국도 이러한 선례를 참고하여 소형 원자로에 적합한 규제 체계를 마련할 필요가 있다.

경제성을 높이기 위한 다양한 지원 정책도 필요하다. 소형 원자로의 초기 설치 비용은 상대적으로 높을 수 있으므로, 정부 차원의 재정 지원이나 세제 혜택 등을 고려할 수 있다. 또한, 소형 원자로에서 생산된 전력의 우선 구매 제도 등을 통해 안정적인 수익 모델을 보장하는 것도 중요하다.

영국의 경우, 소형 모듈형 원자로 개발을 위한 정부 지원 프로그램을 운영하고 있다. 이 프로그램은 기술 개발 자금 지원, 규제 장벽 해소,

시장 진입 지원 등을 포함하고 있다. 한국도 이와 유사한 지원 프로그램을 도입하여 소형 원자로 산업의 발전을 촉진할 수 있다.

소형 원자로의 기술 개발과 실증을 위한 연구와 투자도 확대해야 한다. 정부와 민간기업이 협력하여 대규모 실증 사업을 추진하고, 이를 통해 기술의 안전성과 경제성을 검증해야 한다. 또한, 국제 협력을 통해 선진국의 기술과 경험을 공유하고, 글로벌 시장 진출을 위한 기반을 마련해야 한다.

캐나다의 경우, 온타리오 전력공사와 여러 기업들이 협력하여 소형 모듈형 원자로의 실증 프로젝트를 진행하고 있다. 이 프로젝트를 통해 다양한 소형 원자로 설계의 성능과 안전성을 검증하고, 상용화를 위한 기반을 마련하고 있다. 한국도 이러한 방식의 실증 프로젝트를 통해 소형 원자로 기술의 실용성을 검증하고, 관련 산업의 발전을 촉진해 나갈 필요가 있다.

소형 원자로에 대한 공공의 인식과 수용성을 높이기 위한 노력이 필요하다. 원자력에 대한 부정적인 인식을 개선하고, 소형 원자로의 안전성과 필요성에 대한 이해를 높이기 위한 교육과 홍보 활동이 필요하다. 이를 위해 투명한 정보 공개, 지역사회와의 소통 강화, 시민 참여형 의사결정 과정 등을 도입할 수 있다.

8. 전망

생성형 AI의 발전과 이에 따른 전력 수요 증가는 새로운 에너지 공급 체계를 요구하고 있다. 소형 원자로와 신재생에너지는 이러한 요구를 충족시키기 위한 중요한 대안으로, 상호보완적인 역할을 통해 지속가능한 전력 공급 체계를 구축할 수 있다.

그러나 소형 원자로의 안전성 검증과 방사성 폐기물 관리 문제는 신중하게 다뤄져야 한다. 철저한 안전성 검증과 함께 방사성 폐기물의 장기 관리 방안을 마련해야 한다. 동시에 신재생에너지의 점유율을 지속적으로 확대하여 탄소중립 목표를 달성하고 환경 보호를 강화해야 한다.

또한, 소형 원자로의 도입을 위한 제도적, 경제적 기반을 마련하는 것이 중요하다. 규제 체계의 정비, 경제성 제고를 위한 지원 정책, 기술 개발과 실증을 위한 투자 그리고 공공의 수용성 제고를 위한 노력이 필요하다.

결론적으로, 생성형 AI의 발전과 탄소중립의 미래를 위해서는 소형 원자로와 신재생에너지가 상호보완적으로 병행해서 발전되어야 한다. 이를 통해 지속가능한 전력 공급 체계를 구축하고, ESG 경영을 실현해 나갈 수 있을 것이다. 이러한 전략적 방향을 통해 미래 전력 수급의 안정성과 지속 가능한 발전을 이루어 나가는 것이 중요하다.

생성형 AI 기술의 발전은 큰 기회를 제공하지만, 동시에 큰 책임이 따르기도 한다. 이 기술의 혜택을 누리면서도, 그로 인한 환경적 영향을 최소화하기 위해 끊임없이 노력해야 한다. 소형 원자로와 신재생에너지의 조화로운 활용은 이러한 도전에 중요한 해답이 될 수 있다.

더불어 이러한 에너지 전환 과정에서 국제 협력의 중요성을 강조할 필요가 있다. 생성형 AI와 에너지 문제는 한 국가만의 문제가 아닌 전 지구적 과제이기 때문이다. 따라서 기술 개발, 안전성 검증, 규제 체계 마련 등에 있어 국제적인 협력과 표준화가 필요하다.

예를 들어, IAEA(국제원자력기구)를 중심으로 한 소형 원자로의 안전성 기준 마련, IRENA(국제재생에너지기구)를 통한 신재생에너지 기술 공유, IEA(국제에너지기구)를 통한 에너지 정책 협력 등을 강화할 필요가 있다. 이를 통해 각국의 경험과 노하우를 공유하고, 보다 효과적인 해결책을 모색할 수 있을 것이다.

또한, 생성형 AI 기업들과 에너지 기업들 간의 협력도 중요하다. AI 기업들은 자사 기술의 에너지 효율성을 높이기 위해 노력하고, 에너지 기업들은 AI 기술을 활용하여 더욱 효율적인 에너지 생산 및 관리 시스템을 구축할 수 있다. 예를 들어, Google의 DeepMind AI는 데이터 센터의 냉각 시스템을 최적화하여 에너지 사용량을 크게 줄인 바 있다.

이러한 협력을 통해 기술 발전과 환경 보호의 균형을 이룰 수 있을 것이다.

마지막으로, 이러한 에너지 전환 과정에서 발생할 수 있는 사회경제적 영향에 대해서도 고려해야 한다. 새로운 에너지 체계로의 전환은 일자리 창출과 경제 성장의 기회가 될 수 있지만, 동시에 기존 산업의 쇠퇴와 그에 따른 실업 문제를 야기할 수 있다. 따라서 이러한 변화에 대비한 교육 및 재훈련 프로그램, 사회안전망 강화 등의 정책적 노력이 필요하다.

[참고문헌]

1. 생성형 AI의 전력 소비 전망

국제기구 발표자료
- International Energy Agency (IEA). (2022). "Data Centres and Data Transmission Networks." (데이터 센터와 데이터 전송 네트워크의 에너지 소비 현황과 전망 제시)

주요 외신 기사
- MIT Technology Review. (2023). "AI is eating the world's computing resources - and that could be a problem." (AI 모델의 급속한 성장이 컴퓨팅 자원과 에너지 소비에 미치는 영향)
- The New York Times. (2023). "A.I. Is Booming, but It's Using a Ton of Energy." (AI 붐이 에너지 소비에 미치는 영향 분석기사)

2. 소형 원자로(SMR)의 등장과 역할

국제기구 발표자료
- International Atomic Energy Agency (IAEA). (2020). "Advances in Small Modular Reactor Technology Developments." (SMR 기술의 최신 발전 동향 제공)
- Nuclear Energy Agency (NEA). (2021). "Small Modular Reactors: Challenges and Opportunities." (SMR의 도전과제와 기회를 분석)

주요 외신 기사
- The Economist. (2023). "Small nuclear reactors may be the future of energy." (SMR의 잠재력과 미래 에너지 시스템에서의 역할을 분석한 기사)
- Financial Times. (2023). "Small nuclear reactors aim to reignite atomic age." (SMR이 원

자력 발전의 새로운 시대를 열 수 있다는 전망을 다룬 기사)

3. 신재생에너지와 소형 원자로의 공존

국제기구 발표자료

- International Renewable Energy Agency (IRENA). (2022). "World Energy Transitions Outlook 2022: 1.5°C Pathway." (IRENA 글로벌 에너지 전환의 전망과 다양한 에너지원의 역할 분석)

주요 외신 기사

- Bloomberg. (2023). "The Case for Nuclear Power in a Clean Energy World." (청정에너지 시스템에서 원자력 발전의 역할 분석 기사)
- Reuters. (2023). "Analysis: Small nuclear reactors emerge as energy option, but risks loom." (SMR의 잠재력과 함께 그 위험성도 함께 분석한 기사)

[저자소개]

이한규 LEE HAN KYU

학력
- 전북대학교 공과대학 정밀기계공학과 졸업
- 전북대학교 생명자원과학대학원 졸업

경력
- 쌍용중공업, 대우상용차 근무
- 현) 우석대학교 LINC3.0사업단, 전기자동차공학부 조교수
- 현) (사)전주시중소기업연합회 자문교수
- 스마트제조혁신추진단 전문가
- 중진공 글로벌사업처 해외기술교류사업 전문가
- 농어촌개발컨설턴트(한국농어촌공사)

수상
- 중소기업진흥공단 이사장 표창장
- 한국외국어대학교 총장 감사장
- 중소벤처기업부 장관 표창장

- 대통령직속 국가균형발전위원장상(지역혁신가)

저서

- 《창업경영컨설팅 방법론 및 사례》, 공저, 브레인플랫폼, 2023.
- 《100세시대, 평생교육 평생현역》, 공저, 브레인플랫폼, 2023.
- 《AI시대 ESG 경영전략》, 공저, 브레인플랫폼, 2023.
- 《미래 유망 일자리 전망》, 공저, 브레인플랫폼, 2023.
- 《평생현역을 위한 도전과 열정》, 공저, 브레인플랫폼, 2023.
- 《멘토들과 함께하는 인생 여정》, 공저, 브레인플랫폼, 2024.
- 《초고령사회 산업의 변화》, 공저, 브레인플랫폼, 2024.
- 《신중년 적합 교육 및 일자리 연구》, 공저, 브레인플랫폼, 2024.

8장

손종미

AI와 심리상담

1. AI와 심리상담

(1) AI와 심리상담을 어떻게 활용할 것인가?

심리상담 분야에서 인공지능(AI)은 상담사의 역할을 보완하고 내담자의 상태를 분석하는 도구로 활용된다. AI와 인간 상담사가 함께 나아가는 상호보완적인 관계는 심리상담 분야에 새로운 가능성을 제시하고 있으며, 미래에는 AI와 인간 상담사가 협력하여 더 발전된 AI 기술이 활용될 것으로 기대된다. 이에 AI와 심리상담을 활용하는 방법에 대해 알아보고자 한다.

1) 데이터 분석과 패턴 인식

AI는 대규모의 대화 데이터를 분석하여 내담자의 감정 패턴과 반응을 학습한다. 이를 통해 내담자의 상태를 파악하고, 맞춤형 상담을 제공한다.

2) 24시간 서비스 제공

AI 기반 상담 도구는 시간과 지리적 제약 없이 상담 서비스를 제공한다. 원격 상담이 필요한 이들에게 더욱 쉽게 접근할 수 있도록 도와준다.

3) 상호보완적인 관계

AI는 데이터 분석과 객관적 판단에서 상담사를 지원함으로써 상담사는 더 깊은 인간적인 연결과 이해를 통해 내담자에게 더욱 풍부한 상담 경험을 제공할 수 있다.

4) 윤리적 고려

AI를 활용한 심리상담은 윤리적인 문제에 대한 고려가 필요하다. 상담사와 AI가 함께 나아가는 상호보완적인 관계를 유지하며, 내담자의 복잡한 감정 세계를 더욱 정확하게 이해할 수 있도록 노력해야 한다.

5) 심리상담과 AI

AI는 내담자의 말을 듣고 어떤 감정인지 파악할 수 있다. 내담자가 슬플 때 위로하거나, 힘들 때 조언을 해줄 수 있다.

6) ChatGPT와 상담

ChatGPT는 대화를 통해 내담자와 이야기를 나눌 수 있는 AI다. 상담자와 함께 사용하면, 더 많은 사람들에게 상담을 제공할 수 있다.

7) 효율성 높이기

AI는 빠르게 많은 사람들과 대화할 수 있다. 상담사는 AI와 함께 일하면 더 많은 사람들을 도울 수 있다.

8) 트랜스휴먼(Transhuman)

트랜스휴먼은 과학 기술과 인간 신체가 융합되어 나타나는 새로운 종류의 인간을 의미한다. 이러한 트랜스휴먼은 신체 기능을 개선하고 새로운 능력을 갖게 될 것으로 기대된다.

9) 즉각적인 학습(In-the-Moment Learning)

미래 노동자는 업무를 성공적으로 수행하기 위해 필요한 능력으로 '즉각적인 학습'을 해야 한다. 이를 통해 기계와 협력하여 복잡한 업무를 빠르게 해결할 수 있게 될 것이다.

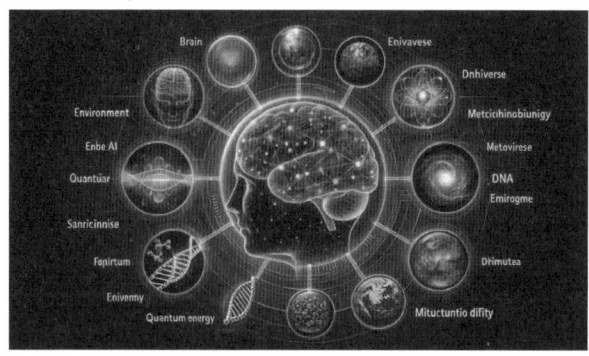

위 그림은 인간의 정체성을 중심으로 뇌, AI, 환경/메타버스, 양자에너지, DNA, 미토콘드리아가 연결된 미래를 나타낸 것이다.

(2) EX(Exercise), AI, 심리상담 활용 방법

1) 기술 통합과 협력

인공지능(AI) 기술 활용이다. AI는 내담자의 말을 듣고 어떤 감정인지 파악할 수 있다. 내담자에게 맞는 상담 계획을 세우고, 감정 상태에 따라 적절한 피드백을 제공한다.

2) 헬스케어 플랫폼 연동

헬스케어 플랫폼 운동(EX)과 심리상담을 함께 제공하는 서비스다. 이를 통해 내담자는 신체적 건강과 정신적 건강을 동시에 관리할 수 있다.

3) 원격 상담 확대

원격 상담은 컴퓨터와 인터넷을 통해 상담을 받는 것을 말한다. 물리적 제약 없이 누구나 심리상담을 받을 수 있다. AI를 활용한 챗봇이나 화상 상담을 통해 상담사가 부족한 지역에서도 상담 서비스를 제공할 수 있다. 스마트폰 앱을 통해 운동과 심리상담을 쉽게 접근할 수 있으며. AI 기반 상담 앱은 사용자가 언제 어디서나 도움을 받을 수 있다.

4) 데이터 분석과 피드백 시스템

데이터 기반 피드백으로 상담 세션과 운동 기록을 분석하여 사용자의 진행 상황을 알려준다. 맞춤형 피드백을 제공하고 사용자 경험을 최적화하여 더 나은 상담 및 운동 프로그램을 제공할 수 있다.

5) 상담사와 트레이너/사용자 교육

상담사와 트레이너를 대상으로 AI 기술과 데이터 분석 방법에 대한 교육을 실시하고, 기술을 효과적으로 활용할 수 있다. 내담자와 사용자가 AI 기반 도구를 효과적으로 활용할 수 있도록 교육 자료와 가이드를 제공하고 이를 통해 사용자가 자신에게 맞는 도구를 적절히 사용할 수 있도록 돕는다.

6) 사용자 데이터 보호

AI를 활용한 상담 서비스는 사용자 데이터를 안전하게 보호하고, 개인정보 보호 정책을 강화한다. 이를 통해 사용자는 자신이 안전하게 보호받고 있다는 신뢰를 가질 수 있다. 또한, AI가 내리는 결정과 추천의 투명성을 높여, 사용자는 AI의 작동 원리를 이해하고 신뢰할 수 있다.

이러한 방법들을 통해 EX와 AI, 심리상담이 더욱 발전하고, 더 많은 사람들이 신체적, 정신적 건강을 효과적으로 관리할 수 있는 서비스가 제공될 수 있을 것이다.

(3) AI와 국내 심리상담 현황

국내에서는 AI를 활용한 심리상담이 점차 확대되고 있다. AI 심리상담은 내담자의 행동 양식을 비롯한 언어, 대화록 등 심리적 상태를 추론하여 내담자에게 접근하며, 방대한 심리학적 지식과 상담 기록을 분석하고, 기본적인 패턴에 대한 빠른 학습이 가능하다. 대표적인 사례는 다음과 같다.

심리상담 플랫폼으로 유쾌한 프로젝트에서 출시한 '클라이피'가 있고, AI를 활용해 분야별 상담사를 연결해 준다. 심리상담 방법으론 CAP(Culture Accelerating Program) 모델을 채택하고 있다.

SK텔레콤은 독거 어르신 대상 '인공지능(AI) 돌봄' 서비스를 확대해 기존 긴급구조·치매 예방에 대해 심리상담을 지원하고 있다. 그리고 가상현실에서 마음과 마음을 연결하는 심리상담 플랫폼으로 마브, METAFOR:REST 등이 있다.

1) 디지털 상담의 확대

코로나19 팬데믹 이후 원격 상담의 수요가 급증하면서 온라인 플랫폼을 통한 원격 상담 서비스로 심리상담이 보편화되었다.

2) 마음 챙김과 명상

스트레스 관리와 정신적 안정감을 찾기 위한 마음 챙김(Mindfulness)과 다양한 명상 앱이 출시되어 사용자들이 언제 어디서나 쉽게 명상할 수 있도록 도와준다.

3) 심리치료의 다양화

기존의 상담 기법에 미술치료, 음악치료, 동물매개치료 등 다양한 치료 기법을 통합하는 접근 방식이 증가하고 있다.

4) 기업의 심리상담 프로그램

많은 기업이 직원들의 정신건강을 지원하기 위해 직장 내 심리상담 프로그램을 도입하고 있다. 직원들이 개인적인 문제를 해결할 수 있도록 EAP 프로그램(Employee Assistance Program, EAP)을 지원하는 서비스가 확대되고 있다.

5) 정신건강에 대한 인식 변화

정신건강에 대한 인식이 높아지면서, 다양한 캠페인과 정신건강 교육 프로그램이 진행되고 있다. 학교와 커뮤니티에도 심리상담을 제공하여 학생들과 주민들이 쉽게 접근할 수 있도록 지원하고 있다.

(4) AI와 국외 심리상담 현황

최근 AI 기술을 활용한 국외 심리상담 현황으로는 치료적 상호작용으로서의 챗봇이나 대화형 에이전트를 통해 내담자와 독립적으로 상호작용하고, 그 효과를 검증하는 데 초점을 맞추고 있다. 대표적인 사례는 다음과 같다.

1) 웹 기반 심리치료(MOST)

웹 기반의 심리치료 플랫폼으로 사용자들에게 심리상담을 제공하고 있다.

2) 모바일 기반 TESS

모바일 앱을 통해 심리상담을 지원하며, 사용자들이 언제 어디서든 접근할 수 있다.

3) 대화형 에이전트 WOEBOT

대화형 인공지능 에이전트로, 사용자와 대화를 통해 감정 지원을 제공한다.

4) 대화형 인공지능 내담자 CLIENTBOT

상담 내담자 역할을 하는 인공지능 모델로, 사용자의 이야기를 듣고 적절한 응답을 제공한다.

5) 가상현실 기반 임상적 면담자 ELLIE

가상현실을 활용한 임상적 상담자로, 실제 환경과 유사한 상황에서 상담을 진행한다.

(5) AI를 활용한 심리상담의 장점

1) 초기 상담 및 예약 관리

ChatGPT를 활용하여 웹사이트 나 모바일 앱에서 자동 응답 시스템을 구축할 수 있다. 내담자가 초기 상담 문의를 하거나 예약을 잡을 때, ChatGPT가 기본적인 정보를 제공하고 예약을 관리할 수 있다.

2) 상담 세션 보조

상담 전 준비 자료를 제공할 수 있고, ChatGPT는 실시간으로 노트를 작성하고 요약하는 역할을 한다.

(6) AI의 가능성과 한계

AI는 상담 분야에서 혁신을 주도할 중요한 도구로 인식되고 있으나 다음과 같은 가능성과 한계를 나타낸다.

1) 개인화된 상담 접근법

AI는 내담자의 언어 사용, 목소리의 뉘앙스, 비언어적 신호를 분석하여 상담 접근법을 개인화할 수 있다.

2) 인간 상담사와의 보완

AI는 직관적 이해나 깊이 있는 공감을 완전히 대체할 수는 없다. 결과적으로는 심리상담사와 AI는 상호보완적인 관계를 가져야 한다.

2. 심리상담을 필요로 하는 사람들의 특징

옷감이 씨줄과 날줄로 뒤얽혀 짜여있듯이, 모든 사람들은 넓은 상호작용 체계에 서로 연관되어 있다. 즉, 체계에 적응하려는 노력은 생리적 수준에서부터 심리 내적 수준, 나아가 대인관계 수준에 이르기까지 체계의 여러 수준을 통해 이루어진다. 이와 같이 심리상담이 필요한 사람들의 신체적·정서적·심리적 특성은 다양하게 나타난다.

첫째, 심리적인 어려움으로 인해 소화불량, 두통, 현기증, 두근거림 등과 같은 신체적 증상이 나타날 수 있다.

둘째, 불안감, 예민함, 잦은 짜증, 화남, 쉽게 놀라는 등의 정서적 증상이 나타날 수도 있다.

셋째, 피해의식, 억울함, 분노, 공격성, 회피, 무력감, 낮은 자존감, 수치심 등이 나타날 수 있다.

3. 심리상담의 특징

(1) 심리상담의 필요성

심리상담이 필요한 이유는 여러 가지가 있다. 대부분의 인간 심리 문제는 자기 이면의 핵심 문제에서 비롯되며, 이를 전문가와 함께 명확하고 구체적으로 알아가는 작업이 심리상담이다. 또한, 부모와 자녀 관계 문제, 부부 문제, 대인관계 문제, 직장 적응 문제, 중독 문제, 성 문제, 돈 문제, 학습 문제, 집중력 문제, 만성 신체 질병 등과 같은 다양한 문제들이 심리적인 어려움을 초래할 수 있다. 이런 경우 심리상담을 통해 심리 내면의 핵심 문제를 알아차리고 걸림돌에서 벗어나 행복을 찾을 수 있다.

(2) 심리적 도움이 필요한 이유

심리적인 도움이 필요한 이유는 현대생활의 변화로 인해 좌절, 갈등, 압력, 부담을 느끼는 경우가 많아졌기 때문이다. 개인의 문제는 개인의 심리 내적인 요인에 의한 것이라기보다 개인이 유기적인 관계를 맺고 있는 가족 체계의 역기능을 반영한 것이라고 보는 체계론적 관점을 근거로 가족 중심 사회에서 형성된 역기능적인 문제 상황이라는 맥락이다.

또한, 정신건강은 건전한 개인 생활의 유지와 원만한 대인관계 그리고 성숙한 사회생활에 기초가 되고 있으며, 이러한 이유로 심리적인 도움이 필요하게 된다. 다음 그림을 살펴보자.

문제 사정의 맥락

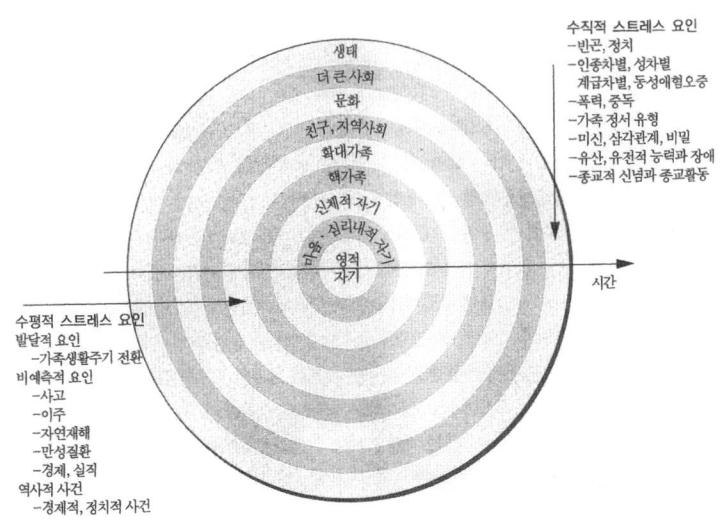

(출처: 이영분 외(2011: 38). 가계도 사정과 개입)

(3) 심리적 도움을 받는 방법

심리적인 도움을 받는 방법으로는 심리상담이나 심리치료를 받는 것이 도움이 될 수 있다. 또한, 대인관계에 문제가 생겼다면, 심리상담사와 이야기를 나누고, 의사와 면담하여 심리적인 갈등을 치료하는 '정신

치료'를 받는 것도 도움이 될 수 있다.

4. AI를 활용한 심리상담 비전

(1) 내담자

1) 익명성과 비대면 접근

AI를 활용한 심리상담은 익명성을 제공하고 언제 어디서든 상담을 받을 수 있다.

2) 편리한 환경 제공

상담 요청, 접수, 면담을 복잡한 절차 없이 받을 수 있으며, 내담자는 자신에게 맞는 상담사를 선택할 수 있다.

3) 개인화된 상담 경험 제공

개인화된 상담 경험을 제공하여 내담자의 심리적 어려움을 지원한다. ChatGPT를 통해 내담자의 문제와 필요에 맞춘 맞춤형 상담 계획을 수립할 수 있다.

4) 비용 절감과 확장성

AI를 활용한 심리상담은 비용을 줄이고, 더 많은 사람들에게 도움을 줄 수 있다.

(2) 심리상담사

1) 업무 효율성

초기 상담 및 예약 관리 시스템으로 심리상담사의 업무 효율성을 높인다.

2) 피드백 및 서비스 개선

상담 세션 보조와 사후 관리를 통해 심리상담사가 더 집중할 수 있다. 상담 후에 내담자에게 자동으로 피드백 요청을 보낼 수 있고, 피드백을 수집하여 서비스 개선에 활용할 수 있다.

(3) 상담 센터

1) 상담 자료 및 콘텐츠 제공

부부 문제, 가족 문제, 스트레스 관리 등과 관련된 유용한 정보와 자료를 ChatGPT를 통해 제공할 수 있다. 또한, ChatGPT를 활용하여 센터의 블로그나 뉴스레터에 올릴 콘텐츠를 작성할 수 있다.

2) 교육 및 훈련 프로그램 개발

ChatGPT를 활용하여 심리상담사 교육 프로그램을 개발하고, 교육 자료를 작성할 수 있다. 이는 심리상담사들이 최신 기술과 방법을 배우고, 실력을 향상시키는 데 도움이 된다.

3) 운영 효율성

초기 상담부터 사후 관리까지 다양한 단계에서 AI의 도움으로 내담자들은 보다 신속하고 정확한 지원을 받을 수 있다. 이를 통해 상담 센터의 경쟁력을 강화하고, 더 많은 사람들이 효과적인 상담 서비스를 받을 수 있도록 도울 수 있다.

부부 가족 심리상담센터에서 AI를 활용하는 경우 다음과 같은 효과가 나타날 수 있다.

1) 갈등 해소와 관계 회복

부부간의 갈등을 멈추고 상호 소통을 원활하게 하여 관계를 회복할 수 있다. 이는 부부뿐만 아니라 가족 모두의 행복을 높일 기회가 된다.

2) 자아 인식과 자아 상태 개선

상담을 통해 자신의 장단점을 받아들이고 괜찮은 나에 대한 자아상을 가질 수 있다. 또한, 타인과의 적절한 공감과 신뢰 관계를 구축하며 스트레스를 탄력적으로 극복하고 근본적인 문제를 해결할 수 있게 된다.

3) 상호 이해 및 상처 치유

부부가 서로 이해하고 상처를 치유하는 것이다. 서로 다른 인격체인 부부는 이해와 존중, 인내, 협력이 필요하다. 상담을 통해 부부간의 상처를 치유하고 신뢰와 애착을 회복할 수 있다.

따라서 인공지능(AI) 상담은 더 효과적인 상담을 지원하고, AI와 인간 상담사가 협력하여 새로운 가치를 창출할 수 있을 것으로 기대된다.

5. ESG, DX, AI와 심리상담의 미래

ESG, DX, AI 심리상담의 미래 모습을 그림으로 나타냈다.

ESG, DX, AI와 심리상담 그림

ESG, DX, AI를 활용하여 부부 가족 상담을 그림으로 나타냈다.

ESG, DX, AI와 부부 가족 상담

[참고문헌]

- 이광미, 《옵티멀 라이프》, 미디스북스, 2023.
- Monica McGoldrick·Randy Gerson·Syeli 공저, 이영분 외 4인, 공역 《가계도 사정과 개입》, 학지사, 2011.
- 김도연, 조민기, 신희천(2020), 〈상담 및 심리치료에서 인공지능 기술의 활용: 국외사례를 중심으로〉. 한국심리학회지: 상담 및 심리치료, 32(2), 821-847.
- 배지석, 최아론(2023), 〈메타버스 플랫폼을 활용한 가상현실 심리 상담 활성화 방안에 관한 연구〉, 한국동서정신과학회
- 이요셉, 〈메타버스 기반 정신건강 상담을 위한 AI 내담자 멘탈 위험 인식 방법 연구〉, 국내 박사학위 논문 숭실대학교 대학원, 2023.

[저자소개]

손종미 SON JONG MI

학력
- 상담심리학 학사
- 상담학 석사
- 상담학 박사

경력
- 현) 부부 가족 심리상담센터 원장
- 현) 해커스 평생교육원/성격심리학 운영교수
- EK티처 원격평생교육원 사회복지법제론 운영교수
- (주)워터폴아이 대표이사
- 경기도재난심리회복지원센터 상담활동가
- (사)한국사회복지심리사협회 이사장
- 안양교도소 교정위원/인성교육 전문 강사
- 가정폭력, 성폭력/가해자.피해자 집단상담 전문강사/여성가족부
- 용인시여성의쉼터 시설장
- 양성평등교육전문강사

자격

- 상담전문가 / 부부가족상담전문가 / 가족상담사 1급
- Human Color Counselor / 아로마 테라피 감정오일 상담사
- 정신건강증진상담사 1급 / 생명존중 강사 / 기독교상담사
- 사티어 의사소통훈련프로그램 강사 / 교화상담사 1급
- 사회복지사 / 평생교육사 / 집단상담전문가 1급
- 인성교육, 폭력예방, 중독예방, 부모교육 전문강사

저서 및 논문

- 《심사치료학의 이해》, 한국학술정보, 2007, (손종미)
- 《콤플렉스 상담사 창업가이드》, (사)한국여성벤처협회, 2009. (공저)
- 《사회복지심리사전문교재》, (사)한국사회복지심리사협회, 2012. (손종미)
- 〈Satir변형체계치료모델을 적용한 프로그램이 가정폭력 피해여성의 의사소통, 일치성, 자아존중감에 미치는 영향〉, 2015. (손종미)
- 〈노년기 배우자 사별이 정서와 사회적 상호작용에 미치는 영향〉, 한국콘텐츠학회논문지 제15권 제9호, 2015. (손종미)

수상

- 2012 올해의 新한국인 대상/사회인 대상, 시사투데이(2012)
- 사람과 동물이 함께 행복한 관악, 제1094호(2016)

9장

진익성

구글과 생성형 AI - Gemini

1. 들어가며

고속도로를 지나다 아래와 같은 광고판을 본다면 어떤 생각이 들겠는가?

위 광고판은 2004년 구글(Google)이 Silicon valley 101 Highway에 세운 것으로, 해당 문구를 우리말로 해석하면 '자연상수 e를 풀어서 쓸 때 나오는 첫 10자리 소수.com'이고, 이 문제를 풀어 인터넷 주소 7427466391.com을 입력하면 Google 채용 사이트에 접속할 수 있다.

이에 대해 Google은 수학력이 있는, 창의적, 논리적, 상황 대처 능력이 있는 인재를 채용하기 위해 사용한 방법 중 하나라고 밝혔다. 창의성과 도전을 존중하고 밀어주는 Google다운 Google way 중 하나라고 생각된다. 세심한 관찰력과 미지에의 도전성이 큰 사람만이 길거리에 세워진 낯선 간판에서 뭔가 호기심이 이는 것을 발견하고, 이를 분석하여 새로운 기회에 도전할 수 있지 않겠는가? 물론 운전이 끝날 때까지 그 광고 문구를 잊지 않는 단기 기억력도 뒷받침되어야 하겠지만.

2. Google Vision

1973년생 세르게이 브린과 동갑내기 래리 페이지는 1995년 여름 래리가 스탠퍼드에 입학하고자 대학 탐방을 갔을 때 가이드와 탐방자로서 처음 만났다.

스탠퍼드대학교 전경

래리와 세르게이

세르게이는 러시아 수학자 집안에서 태어나 6세대 미국으로 건너온 이민자로 스탠퍼드대를 최연소 박사로 졸업하는 등 수학 분야에서 탁월한 재능을 보였다. 래리도 부모 모두 컴퓨터 전문가인 집안에서 태어나 어릴 때부터 컴퓨터를 다룬 컴퓨팅 천재였다. 둘은 처음부터 수많은 이슈로 논쟁을 하며 부딪혔으나 졸업 논문 작성을 위해 래리가 웹 크롤링을 맡고, 세르게이가 수학적 분석을 맡으며 협력하게 되었다. 래리가 수많은 웹페이지 내용을 긁어오고 세르게이가 링크를 분석하여 웹페이지 순위를 매기는 알고리즘을 개발하였고 1996년 '백럽(BackRub)'이라는 검색 프로그램을 만들었다.

Backrub은 Google의 초기 검색 엔진 프로토타입으로 대규모 웹페이지의 연결 구조를 분석하여 검색 결과를 생성하는 프로그램이다. Backrub은 웹페이지의 인용과 연결 구조를 기반으로 하여 페이지의 중요성을 결정하고, 이를 통해 더 정확하고 유용한 검색 결과를 빠른 속도로 제공하였다. 또한, 대규모 웹페이지의 데이터를 효과적으로 처리하고 분석하는 능력을 보였는데 이는 당시로써는 혁신적인 기술이었으며 Google의 성장과 발전에 중요한 역할을 하였다. Backrub은 당대 Top 검색엔진과 비교해도 더 정확한 결과를 보였다. 즉, Google은 사용자들에게 보다 쉽고 편리하게, 유용한 정보를 신속하게 찾을 수 있게 했으며 이는 Google의 신뢰성을 높이며 사용자를 늘려 Google이 세계적인 검색엔진으로서 성공적으로 발전하고 압도적인 선두를 달리게 하였다.

당시 Google이 사용자 직관의 편의성을 위해 홈 화면을 초단순화한 것은 당시로써는 센세이셔널한 이슈였으나 사용자들은 그 단순, 편리함을 좋아했고 이는 수십 년이 지난 지금까지도 아래 사진처럼 아직 유지되고 있다.

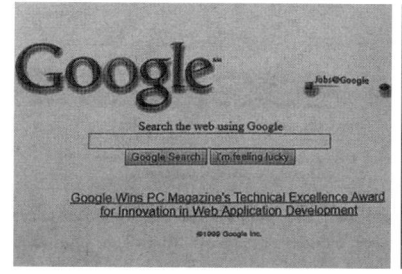
1991년 11월 Google Screen

2024년 6월 Google Screen

세르게이와 래리는 학위보다는 창업에 집중하기로 했다. 1997년 Backrub이라는 이름을 Google로 바꾸고, 1998년 9월 멘로 파크에 있는 수잔 보이치키 집 차고에서 Google 회사를 설립했다. 컴퓨터와 수학에는 천재였으나 사업에는 초보였던 그들은 사업화를 위해 약 75명의 경영자와 무차별 토론을 벌인 끝에 2001년 에릭 슈미트를 CEO로 영입하여 본격적으로 사업 수익화를 추진했다.

에릭 슈미트는 프린스턴대학교를 졸업한 후 버클리대학교에서 컴퓨터 박사 학위를 받았고, 제록스 PARC(Xerox Palo Alto Research Center)의 컴퓨터 과학 연구소, 벨 연구소, 질록 등을 거쳐 1983년 썬 마이크로시스템즈에서 최고 기술 책임자로서 플랫폼 자바의 개발을 주도했다. 이후 노벨 CEO를 거쳐 2011년 Google로 영입되었으며 세르게이와 래리 두 천재를 잘 보듬으며 Google의 성장을 이끈 탁월한 경영자로 명망이 높다.

Google은 사용자가 광고를 본 후 링크를 클릭하고 하이퍼텍스트 링크를 통해 웹페이지로 이동하는 '사용자 클릭'을 기반으로 수당을 받는 사업 모델로 수익을 내기 시작했으며, '이 세상의 모든 정보를 검색한다'는 비전의 검색 사업을 통한 Long Tail Business로 수익을 창출하되 다른 벤처 기업들처럼 투기 등을 한다든지 하여 사회에 해를 끼치지는 않겠다는 'Don't be Evil'을 사명으로 정하여 건전하게 성장, 사업을 진행 중이다. Google은 '한 번의 클릭으로 전 세계의 정보에 접근할 수 있도록 돕는 것'을 지향한다. 이러한 비전을 실현하기 위해 Google은 특히 지난 10년 동안 인공지능(AI)에 투자하여 제품, 인프라 등 모든 분야에서 AI 혁신을 추진하고 있다. 최근에는 Gemini라는 AI 모델을 활용하여 Google 검색, Google Photo, Google Workspace, Android 등에서 AI 기반의 다양한 혁신을 이루고 있다.

3. Google Biz

　Google의 사업은 크게 3개의 사업 모델로 나누어 볼 수 있다. 첫째, Google 검색엔진, Google Network Members(AdSense 등), 그리고 유튜브 광고 수입 등이 주요 수입원인 광고 사업, 둘째 클라우드 사업, 셋째, Google 플레이 스토어, 하드웨어 판매 등의 그 외의 사업으로 구분해 볼 수 있다.

　이중 광고 사업이 전체 매출의 80% 이상을 차지하는 주력 사업이다.

다만 이 사업군의 매출액 비중이 2018년 85%에서 2022년 79%로 지속 감소 추세인데 이는 검색엔진 매출액이 2016년 70%를 기점으로 지속 하락하는 데 기인하며 유튜브와 클라우드 사업의 성장으로 그 자리를 대신하고 있으나 감소 폭을 넘어서지 못하고 있다. 하지만 유튜브, 클라우드 사업이 이후 Google의 미래 성장 동력이 될 것이라는 전망이 우세하다.

Google 사업별 매출 비중

매출 비중	2018	2019	2020	2021	2022
google search&other	62.3%	60.8%	57.1%	57.8%	57.4%
youtube ads	8.1%	9.4%	10.8%	11.2%	10.3%
google network members	14.9%	13.3%	12.7%	12.3%	11.6%
sum of ads	85%	82.5%	80.6%	81.3%	79.4%
google others(app.+H/W)	10.3%	10.5%	11.9%	10.9%	10.3%
google cloud	4.3%	5.5%	7.2%	7.5%	9.3%

세르게이와 래리는 2015년 지주회사인 Alphabet을 설립했고, 에릭 슈미트는 이사회 의장, 래리는 CEO, 세르게이는 사장으로 경영체계를 변경하였다. Alphabet은 그리스 문자의 앞 두 글자의 이름인 ▨와 ▨로 구성하여 Google과 같은 규모의 기업으로 로마자 알파벳 A에서 Z까지 전부 채워 넣겠다는 바람을 담아 이름을 지었다고 한다. 2018년부터는 존 헤네시가 이사회 의장, 2019년부터 선다 피차이가 CEO를 맡아 Alphabet을 경영하고 있다.

Alphabet은 검색엔진, 클라우드, 유튜브, 안드로이드 및 기타 하드웨어 판매 등의 Google 사업과 홈네트워크 사업의 Nest, 생명과학 부문의 Verily, 인공지능의 Deepmind, 자율주행 Waymo 등 다양한 미래형 사업들을 거느리고 있는 지주회사이다. 자세한 계열사 현황은 아래 그림을 참조하시기 바란다.

Alphabet 지주회사 구성도

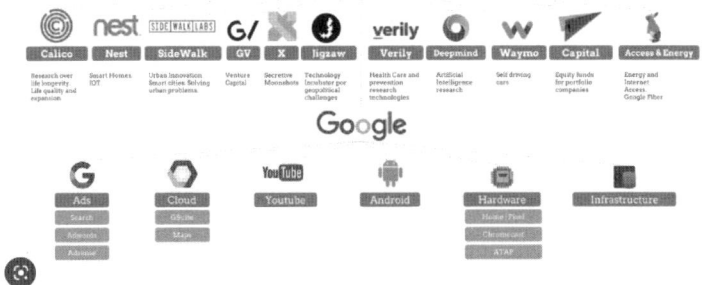

Alphabet's Google Business Model

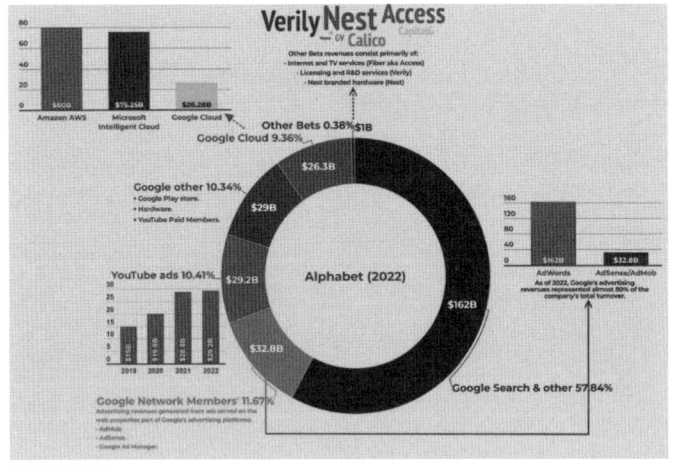

Alphabet은 광고 부분 이외에 Nest, Verily, Deepmind, Waymo 등 다양한 사업을 전개하고 있으나 Google이 99.6%의 매출을 담당하여 사실상 Google이 대표하는 회사이며, 기타 회사들은 미래 전략 분야를 연구·육성하는 차원으로 보인다. 특히 Google Search 부문(검색광고)은 2023년 기준 세계 검색 시장에서 93.37%의 압도적 점유율을 보이고 있고 2위인 Microsoft Bing조차 2.8%의 미미한 점유율로 경쟁 상대가 되지 못하고 있어 검색엔진은 Google 천하의 세상이라 하겠다.

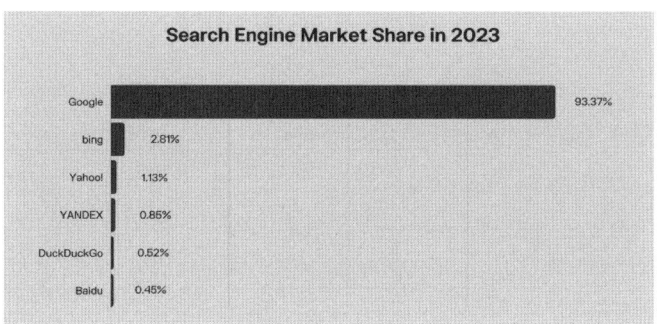

WW Search Engine M/S

유튜브는 전 세계 최대의 비디오 플랫폼으로 이용자들은 광고를 보면서 무료로, 또는 프리미엄 사용료를 내면서 광고 없이 비디오을 보게 된다.

Google Network Members란 Google AdMob이나 AdSense 등을 통해 Google이 받은 광고를 게시하고 광고 수익을 나누는 비즈니스이다. 이와 같이 Google은 검색엔진 시장과 비디오 플랫폼 시장에서 압도적

1위이면서 또한 Google 알고리즘을 이용한 타겟팅 광고를 통해 최고의 광고 효율성을 보여주는 검색광고 업계의 절대자라고 볼 수 있다.

Google others는 App Market인 Google 플레이 스토어 매출, Pixel phone과 같은 하드웨어 매출 등을 포함하는 분야로 전체의 약 10%를 차지하며 Google Cloud는 Google의 미래에 있어 광고 이외에 Google의 주력이 될 수 있는 부문으로 평가된다. Google Cloud는 기업 데이터를 모두 인터넷을 통해 저장, 관리, 이용할 수 있게 해주는 인터넷 서비스로 기업 효율성, 생산성을 높일 수 있어 크게 성장하고 있는 분야이다. Google은 자사의 클라우드 서비스인 GCP(Google Cloud Platform)를 통해 현재 10%대의 시장 점유율로 3위를 기록하고 있지만, 후발 주자로서 선발 주자인 아마존의 AWS(33%), Microsoft의 Azure(22%)에 비해 아직 많이 뒤처져 있는 상태이다.

Other Bets에는 AI 알파고로 유명한 Deepmind나 자율주행 Waymo, 생명 연장을 연구하는 Calico 등 매우 다양한 기업들이 Google의 모회사인 Alphabet의 자회사 형태로 존재하고 있다. 이들은 Google의 사업 부문이라기보다 주요 전략 분야의 선도·벤처 기업으로 Google이 투자 등으로 지원하여 운영되고 있는 업체들이다. 이들은 Google이 다양한 분야에 걸쳐 미래에 투자하고 연구하는 프로젝트 성격을 띠며 이를 통해 Google은 미래에 새로운 주력 사업 부문이 될지도 모르는 분야를 미리 육성하고 있는 것이다.

Google의 최근 사업 실적을 보면, 2024년 4월 25일 실적발표회에서 매출과 EPS 예상치 상회는 물론 700억 달러 규모의 자사주 매입과 창사 이래 최초로 주당 0.2달러 수준의 배당금 지급 계획을 발표하였고, 당일 주가가 약 10% 폭등하여 역대 기업 중 다섯 번째로 시가총액 2조 달러를 돌파했다.

Google이 걸어온 길을 요약하면 다음 그림과 같다.

4. Google AI

Google은 검색엔진에서 세계 최고의 회사로 인공지능 분야에서도 다음과 같은 강점을 가지고 있다.

첫째, 연구 및 개발 인프라: Google은 대규모 데이터 처리 및 분석을 위한 강력한 인프라를 보유하고 있다. 이는 대규모 모델 학습 및 실험을 위한 환경을 제공하여 인공지능 연구 및 개발을 가속화하고 품질을 제고할 수 있는 강력한 강점이다.

둘째, 프로젝트 규모와 자원: Google은 엄청난 규모의 프로젝트를 수행하고 있으며, 이는 막대한 양의 데이터를 활용하여 혁신적인 인공지능 기술을 개발하는 데 도움이 된다.

셋째, 다양한 응용 분야: Google은 검색엔진, 클라우드 컴퓨팅, 자율주행 자동차, Voice 인식, Image 분석, 자연어 처리 등 다양한 응용 분야에서 인공지능 기술을 적용하고 있다. 이는 다양한 분야에서의 경험과 지식을 축적하여 더욱 효과적인 솔루션을 개발하는 데 도움이 된다.

넷째, AI 연구 및 개발팀: Google은 AI 연구 및 개발팀인 Deepmind 등 강력한 AI 팀을 보유하고 있다. 이 팀들은 전문적인 연구자와 엔지니어들로 구성되어 있으며, 최신 기술과 알고리즘을 연구하고 적용하는 데 탁월한 역량을 가지고 있다.

다섯째, 포괄적인 제품과 서비스 라인업: Google은 검색, 광고, 클라우드, 모바일 운영체제, 인공지능 기반의 서비스 등 다양한 제품과 서비스를 제공하고 있다. 이는 Google이 다양한 분야의 데이터와 경험을 활용하여 인공지능 기술을 효과적으로 적용하는 데 도움이 되며 그 규모나 실력 면에서 범접하기 어려운 최대 규모와 수준을 보이고 있다.

이러한 강점들은 Google이 인공지능 분야에서 혁신적인 솔루션을 개발하고, 다양한 산업에 적용하여 선도적인 역할을 수행하는 데 크게 기여할 것으로 보인다.

그동안의 Google의 인공지능 개발 전개 동향을 보면, Google은 인공지능 및 기계 학습 분야에서 지속적인 연구를 수행해 왔으며, 최근 5년 동안의 주요 동향은 다음과 같다.

Google은 2019년 BERT(Bidirectional Encoder Representations from Transformers)를 발표하였는데 이 모델은 언어 이해에 있어 이전 모델들을 뛰어넘는 성능을 보여주었다. 그리고 기존 AutoML을 계속 발전시키며, 기업들이 더 쉽게 기계 학습 모델을 개발하고 배포할 수 있도록 지원하였다.

2020년 TPU(TensorFlow Processing Unit)를 개발하여 대규모 딥러닝 모델을 더 빠르고 효율적으로 실행할 수 있는 인프라를 제공하였다. 또한 MUM(Multitask Unified Model)도 발표하였는데 이 모델은 BERT의 발전된 버전으로 다양한 자연어 처리 작업을 동시에 수행할 수 있다.

2021년 LaMDA(Language Model for Dialogue Applications)를 발표하고, 대화형 AI 모델의 성능을 개선을 추진하였다. 그리고 ViT(Vision Transformer) 모델을 개발하여 Image 분류 및 컴퓨터 비전 작업에서 Transformer 아키텍처를 적용하는 데 성공하였다.

2022년 AI의 윤리적 사용에 대한 연구 및 논의를 강화하고 있으며 AI의 사회적 영향을 고려한 개발과 적용을 시행하였다. 그리고 자기 지도 학습(Self-Supervised Learning) 기술을 개발하여 데이터 효율성과 모델 성능을 개선하는 방법을 제시하였다.

2023년 클라우드 기반의 AI 서비스를 강화하여 기업들이 더 쉽게 AI 모델을 개발하고 운영할 수 있도록 지원하며 더 효율적인 학습 알고리즘과 모델 최적화 기술을 개발하여 리소스 사용량을 최소화하고 모델의 성능을 향상시켰다.

특히 Google은 2023년 12월 Gemini('쌍둥이 자리'라는 의미라고 함)를 공개하며 근래 인공지능 분야 시장의 메인 테마인 생성형 AI 분야에 총력을 쏟고 있다. Gemini 출시에 대해 투자자들은 매우 긍정적으로 반응하여 공개 당일 주가가 5% 이상 폭등하는 등 생성형 AI 시장의 인기에 편승하게 되었다. 특히 2024년 2월 7일 Google Gemini 중 가장 최상위 모델인 Gemini Ultra가 공개되었고 Gemini Ultra는 Gmail, Google Docs, Google Slide 등에서 활용할 수 있어 기존의 다양한 Google 솔루션과 고성능 AI를 함께 사용하는 시대가 열리게 되었다.

Google Gemini는 23.12월 7일 공개된, Text뿐만 아니라 Image, Video, Audio까지 이해 가능한 Google의 차세대 AI이다. Gemini는 Google의 이전 AI 모델인 Bard와는 다르게 처음부터 Multimodal로 설계되어 Text로 채팅하는 것을 넘어 사람의 말을 듣고 대답할 수 있다.

게다가 그림과 Video까지 이해한다.

Google의 발표에 따르면, Gemini의 성능이 GPT-4를 넘어 인간 전문가를 뛰어넘는 수준이라고 한다. 특히 수학, 물리학, 코딩 등의 문제를 심도 있게 이해해서 품질 높은 프로그래밍 코드 등의 답변을 생성할 수 있다고 한다.

Google Deepmind CEO 데미스 하사비스는 "Gemini는 MMLU(Massive Multitask Language Understanding, 대규모 다중작업 언어 이해)에서 90%의 점수를 얻었다"면서 이는 인간 전문가 점수인 89.8%를 넘은 첫 AI 모델이라고 밝혔다. MMLU는 다양한 전문 지식들을 전문가 수준으로 알고 있는지를 테스트하는 방식이다. 오픈AI의 최신 LLM인 GPT-4는 MMLU 테스트에서 86.4%의 정답률을 보였다.

MMLU 평가에서 인간 전문가를 뛰어넘은 Gemini

Google은 2024년 2월 7일, 기존 Bard라는 명칭을 Gemini로 변경했다. 사실 Bard와 Gemini는 설계 방식이 다른 개별 모델이지만 하나의 브랜드명으로 통합한 것이다. Google은 두 모델의 장점을 결합하여 하나의 브랜드로 통합했다고 한다. Bard와 Gemini의 차이점은 아래와 같다. (Gemini의 답변을 토대로 작성된 표임)

Gemini와 Bard의 차이점

특징	Gemini	Bard
Data set	Text, Image, Audio	Test, Code
Model size	175T parameter	1.56T parameter
Performance	MMUL에서 사람보다 높은 점수	MMUL에서 사람과 비슷한 점수
Strength	시각적 이해, 수학적 이해, 창의적 구성	창의적 Text 생성, 언어 번역
Weakness	창의적 Text 생성, 언어 번역	시각적 이해, 수학적 이해

Gemini는 Nano, Pro, Ultra 3종으로 출시되었다.

Gemini Nano는 Google 픽셀폰 등과 같은 스마트폰에서 외부 서버 연결 없이 실행 가능한 Light 버전이다. 2024년 출시된 삼성 Galaxy S24에도 Gemini Nano가 탑재되었다. Galaxy S24가 인터넷에 연결되어 있지 않은 상태에서도 실시간 통역 기능 등 뛰어난 AI 기능을 제공하는 것은 바로 Gemini Nano가 탑재되었기 때문이다.

Gemini Pro는 GPT-3.5 수준에 해당한다고 볼 수 있다. Gemini 무료 버전으로 Gemini Pro를 사용한다고 보면 된다. 현재 웹에서(아래 사진 참조) 사용 가능하며 Google Gemini app으로도 사용할 수 있다.

Gemini Pro 사용 화면 예

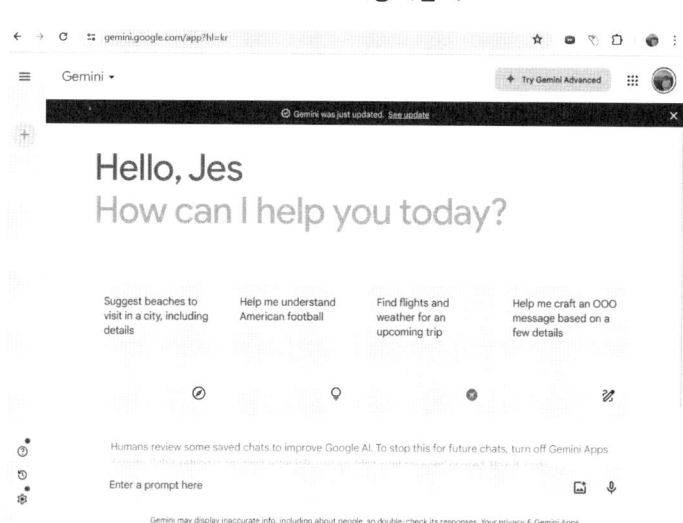

Gemini Ultra는 GPT-4에 해당하는 모델이라고 볼 수 있으며 GPT-4처럼 유료 버전으로 사용할 수 있다. Gemini Ultra는 Gemini Advanced에서 사용 가능한데 Google AI 프리미엄 요금제 가입(월 29,000원)이 필요하다. Gemini Ultra도 Web과 App에서 모두 사용 가능하며 Google Docs, Google Slides, Gmail에서도 사용 가능하다. Gmail과 Doc 등에서 편리하게 Gemini Ultra 기능을 사용할 수 있다는 것이 큰 장점이라고 보인다.

5. 생성형 AI

GPT-4에 이어 Google의 Gemini까지 생성형 AI의 보다 자연스러운 대화형 대응을 경험하면서 인공지능의 기술 혁신 속도가 점점 빨라져 감을 경험하게 된다. 생성형 AI 현황을 간략 요약해 보고 이후 생성형 AI의 미래 발전 방향을 전망해 보고자 한다.

(1) 생성형 AI 개요

1) 생성형 AI란

생성형 AI(Generative AI)는 인공신경망을 이용하여 학습한 정보를 바탕으로 새로운 콘텐츠를 생성하는 기술이다. 명령어를 통해 사용자의 의도를 스스로 이해하며 Text, Image, Voice, Video 등 새로운 콘텐츠를 생성할 수 있는 인공지능(AI)을 말한다. GPT와 같은 대규모 언어 모델의 등장과 이를 기반으로 하는 ChatGPT와 같은 대화형 인공지능 서비스가 각광을 받기 시작하면서 생성형 AI에 대한 관심이 급부상하게 되었다. 여기서 대규모 언어 모델(Large Language Model, LLM)이란 방대한 양의 Text 데이터로 학습된 인공지능 모델로, 인간의 언어를 이해하고 생성할 수 있는 능력을 가지고 있는 모델이다. Text 분석, 요약, 생성, 번역, 코드 생성, 콘텐츠 제작 등 다양한 분야에서 활용되고 있다.

2) 프롬프트(Prompt) - 생성형 AI 활용

프롬프트는 생성형 AI에서 인공지능 모델에게 사용자가 원하는 작업을 지시하는 명령어, 입력값을 의미한다. 즉 프롬프트는 생성형 AI에게 무엇을 어떻게 해야 하는지 지시하는 명령으로 어떻게 입력하는가에 따라 결과물이 천차만별 달라지게 된다.

생성형 AI는 여러 정보를 기반으로 종합적 판단을 내리지만 자신에게 지시된 일만 처리하는 비서와 같아서 지시(프롬프트)를 명확하고 구체적으로 하는 것이 아주 중요하다. 예를 들어 생성형 AI에게 가상의 역할(Persona) 부여하여 특정 인물의 역할을 하게 한다든지(예: 당신은 ○○대 교수입니다), 맥락(Context)을 구체적으로 제시한다든지(예: 당신은 학·석사 통합 과정을 기획해야 하는 ○○대 교수입니다), 사용자가 원하는 출력물(Output)을 출력 형식, 수량, 언어 등을 구체적으로 지시한다든지 하여 가능한 구체적으로 상세하게 지시를 내리고 결과를 보아서 추가로 더 필요한 지시를 하여 결과물의 품질을 제고하는 방향으로 프롬프트를 운영하면 좋을 것이다.

3) 유의사항

생성형 AI가 대규모 언어 모델을 기반으로 하므로 인터넷, 기사, 웹사이트 등에서 저작권자의 사용허가 없이 데이터를 가져올 수 있으므로 저작권 문제가 발생할 수 있다. 또한, 사용자가 입력하는 정보가 생성형 AI에 저장되어 학습·성능 개선 자료로 활용할 수 있기도 하므로 (ChatGPT 이용약관 참조) 개인정보나 기술정보 등 유출되어서는 안 되는 정보를 질문하여 누출시키면 문제가 될 수 있다.

그리고 생성형 AI는 빅데이터 등을 기반으로 학습한 단어의 패턴, 관계성을 분석하여 답변을 생성하기 때문에 답변이 논리적일 수도 있으나 거짓된 오류의 답변도 가능하다. 따라서 중요한 사항일 경우 사실(Fact) 확인 등 검증을 거치는 것이 좋으며, 아직은 그 결과를 확인해 보는 것이 필요해 보인다.

(2) 주요 생성형 AI 서비스

1) ChatGPT

대화형 인공지능 서비스로, 사용자의 질문이나 명령에 자연스러운 대화형 응답을 생성할 수 있는 가장 대표적인 생성형 AI 서비스이다. 2022년 11월 30일 대규모 언어 모델인 GPT-3.5를 기반으로 한 ChatGPT 서비스를 한 지 5일 만에 일일 이용자 수 100만 명을 돌파할 정도로 폭발적 인기를 끌었다. 2023년 3월 14일 보다 고도화된 모델인 GPT-4가 출시되었으며, 이는 유료 서비스로 ChatGPT Plus(유료, 20$/월) 가입자만 이용 가능하다. Multimodal 생성형 모델인 GPT-4는 Text 뿐만 아니라 Image, Audio 등을 입출력할 수 있다. 현재 ChatGPT Plus

이용 시 실시간 인터넷 검색에 기반한 답변이 가능하고, DALL.E를 이용하여 Image를 생성할 수 있으며, 자연어 입력만으로도 데이터 분석이 가능하다. 여기서 Multimodal이란 여러 종류의 정보 또는 데이터 모드(Text, Image, Audio 등)를 처리하고 분석하며 이해하고 생성하는 기술을 말한다.

2) Gemini(구 Bard)

Google에서 개발한 대화형 인공지능 서비스로 ChatGPT와 마찬가지로 자연스러운 대화형 응답이 가능한 생성형 AI 서비스이다. Google은 2023년 3월 21일 Google의 대규모 언어 모델인 LaMDA와 PaLMA를 기반으로 하는 Bard를 출시하였다. 그리고 2023년 12월 6일 GPT-4와 같은 Multimodal 생성형 AI 모델인 Gemini Pro를 Bard에 탑재하였고 2024년 2월 8일 Gemini 최상위 모델인 Gemini Ultra를 출시하면서 Bard에서 Gemini로 리브랜딩을 하였다. Gemini는 Google에서 개발한 서비스이기에 Google의 강력한 검색엔진에 기반한 정보 검색에 강점이 있다.

3) 기타

기타 대화형 인공지능 서비스로 네이버에서 대규모 언어 모델인 HyperCLOVA X를 기반으로 2023년 8월 24일 출시한 한국형 대화형 인공지능 서비스 CLOVA X가 있고 Microsoft의 Copilot 등이 있다.

(3) 생성형 AI의 발전 전망

생성형 AI 향후 다음과 같은 방향으로 발전이 전망된다.

1) 더 큰 모델 및 더 많은 데이터

미래에는 더 큰 모델과 더 많은 데이터를 사용하여 생성형 AI의 성능이 향상될 것으로 보인다. 이는 더 자연스러운 대화 생성 및 더 정확한 예측을 가능하게 할 것이다.

2) Multimodal 기능 강화

Multimodal 기능은 Text뿐만 아니라 Image, Voice, Video 등 다양한 형태의 입력을 처리할 수 있는 능력을 말한다. 미래에는 이러한 다중 모달 기능이 더욱 발전하여 더욱 다양한 상황에서 생성형 AI가 유용하게 활용될 것으로 예상된다.

3) 사용자 맞춤형 생성

향후에는 개인화된 생성형 AI 모델이 발전하여, 사용자의 특정한 취향이나 요구에 맞춰서 콘텐츠를 생성할 수 있게 될 것으로 예상된다. 이는 보다 개인화된 서비스 및 경험을 제공할 수 있도록 할 것이다.

4) 실시간 대화와 상호작용

생성형 AI는 보다 실시간으로 대화하고 상호작용할 수 있는 능력이 향상될 것으로 예상된다. 이는 챗봇이나 가상 비서와 같은 응용 분야에서 더욱 유용하게 사용될 수 있을 것이다.

5) 긴 Text 이해 및 지속적인 학습

생성형 AI는 향후에는 보다 복잡한 긴 Text를 이해하고 지속적으로 학습할 수 있는 능력을 갖추게 될 것이다. 이는 실제 세상 상황을 보다 정확하게 이해하고 대응할 수 있게 할 수 있을 것이다.

이렇듯 생성형 AI는 보다 다양한 분야에서 더욱 유용하게 활용될 수 있도록 발전할 것으로 보이나 동시에 이러한 기술의 발전에는 윤리적 고려와 사용자의 개인 정보 보호 등에 대한 책임이 함께 필요할 것이다. 특히 보편적 가치관이 흔들리고 변화되는 정보사회, 미래사회에서 부정확한 부분도 많은 인터넷 기반의 대규모 언어 모델을 기반으로 동작하는 AI의 판단 근거가 정확할지, 잘못된 판단을 하지는 않을지 우려가 많다. AI 개발과 상용화에 기술뿐만이 아니라 인문, 사회 등의 측면에서도 많은 노력과 정리가 필요해 보인다.

6. 나가며

　Google은 그 혁신적 제품과 서비스도 세계적이지만 독특하고 높은 평가를 받는 기업문화로도 유명하다. Google은 창업 이래 지속적으로 창의성, 협업 및 목적의식을 육성하는 긍정적이고 포용적인 근무 환경을 만들어 왔다. 따라서 지적 호기심, 창의성, 협업 및 혁신에 대한 열정과 자질의 조합을 나타내는 'Googleyness'라는 문화적 개념을 구축하였고 이를 바탕으로 직원들이 사람들의 생활에 긍정적인 영향을 미치는 제품과 서비스를 창출한다는 목표를 지향하여 고정관념을 깨고, 위험을 감수하고, 미래 창출에 도전하도록 권장된다.

　Googleyness는 Google 문화에 어울리는 Googley한 사람이 어떤 사람인지를 정의한(공감한) 것으로 Doing the right thing(다른 누군가에게 피해를 끼치거나 불이익을 줄 수 있는 일은 하지 않는다), Striving for excellence(평범함. Mediocrity은 Googley 하지 않다, 구글에서는 정말 엄청나게 끝내주게 잘해나겠다는 목표를 갖고 실행한다), Keeping an eye on the goals(업무에 집중하고, 단기적·장기적 목표를 갖고 목표를 성취해 나간다), Being proactive(뭔가 잘못된 것을 보면 고쳐라 또한 뭔가 일이 일어나기 전에 미리 조치를 취하라)는 등의 구글 직원다운 생각과 행동 문화를 표상하는 상징언어이다.

　Google은 창립 초기부터 'Google이 발견한 10가지 진실'을 제정하여 경영지침으로 하고 있으며 이 10가지 진실이 적절한지 늘 확인하며 점검하고 있다고 한다. 그 내용은 다음과 같다.

첫째, 사용자에게 초점을 맞추면 나머지는 저절로 따라온다.
처음부터 Google은 최고의 사용자 환경을 제공하는 데 주력했다. Google은 새로운 인터넷 브라우저를 개발하든 홈페이지의 디자인을 새롭게 변경하든 언제나 내부의 목표나 수익보다는 사용자에게 최상의 서비스를 제공하는 데 집중한다.

둘째, 한 분야에서 최고가 되는 것이 최선의 방법이다.
검색 전문 업체였던 Google은 어려운 문제를 해결하고자 끊임없이 노력한 결과, 복잡한 사안을 해결하고 수많은 사용자에게 신속하고 원활한 정보 검색 환경을 제공하는 검색 분야 최고의 업체가 되었다.

셋째, 느린 것보다 빠른 것이 낫다.
Google은 시간의 소중함을 알기에 웹에서 정보를 검색할 때 원하는 결과를 즉각 제공하기 위해 최선을 다하고 있다. Google은 페이지에서 불필요한 콘텐츠를 모두 제거하고 서비스 환경의 효율성을 개선하여 검색 속도 기록을 자체적으로 계속 갱신해 왔으며 그 결과, 검색 결과의 평균 응답 시간이 1초도 채 되지 않는다.

넷째, 인터넷은 민주주의가 통하는 세상이다.
Google 검색은 웹사이트에 링크를 게시하는 수많은 사용자 덕에 가치 있는 콘텐츠를 제공하는 사이트를 잘 파악할 수 있으며 웹 전반에서 다른 페이지의 '투표'를 통해 어떤 사이트가 최고의 정보 출처로 선정되었는지 분석하는 Google의 특허 기술인 PageRank 알고리즘을 비롯하여 200가지가 넘는 다양한 신호와 기술을 사용해 모든 웹페이지의 중요도를 평가한다. 웹의 규모가 커지면서 각각의 새로운 사이트가 또 하나의 정보 출처와 투표 참여 대상이 되기 때문에 이러한 접근 방식은 더욱 정확해지고 객관성을 갖게 된다.

다섯째, 책상 앞에서만 검색이 가능한 것은 아니다.

전 세계는 점점 더 모바일 환경에 의존하고 있으며 Google은 새로운 모바일 서비스 기술 및 솔루션을 제공하는 데 앞장서고 있다. 이를 통해 전 세계 모든 사용자는 휴대전화에서 여러 방법으로 Google 검색을 활용할 뿐 아니라 이메일 및 캘린더 일정 확인, Video 시청 등의 다양한 작업을 할 수 있다.

여섯째, 부정한 방법을 쓰지 않고도 돈을 벌 수 있다.

Google은 다른 회사에 검색 기술을 제공하고, Google 사이트나 웹의 기타 사이트에 게재될 광고를 판매하여 수익을 창출한다. Google은 궁극적으로 광고주를 비롯한 모든 사용자에게 올바른 서비스를 제공하며 사용자가 Google의 객관성을 신뢰한다는 사실을 잘 알기 때문에 Google은 단기적인 이익을 얻고자 사용자의 신뢰를 저버리는 행위를 하지 않는다.

일곱째, 세상에는 무한한 정보가 존재한다.

Google 지금도 정보를 찾아 헤매는 사람들에게 세상의 모든 정보를 제공하고자 끊임없이 연구하고 있다.

여덟째, 정보는 어느 국가에서나 필요하다.

Google은 캘리포니아에서 시작했지만, 전 세계의 정보를 모든 언어로 편리하게 이용할 수 있도록 하는 것을 목표로 한다. Google 검색 인터페이스를 130개가 넘는 언어로 제공하고 있으며, 검색 결과를 사용자의 언어로 작성된 콘텐츠로 제한하는 기능을 지원할 뿐 아니라 Google의 애플리케이션과 제품을 최대한 많은 언어와 액세스 가능한 형식으로 제공한다.

아홉째, 정장을 입지 않아도 업무를 훌륭히 수행할 수 있다.

Google 창립자들은 일은 도전적이어야 하며 그 도전은 즐거워야 한다는 생각을 바탕으로 Google을 창립했다. Google은 뛰어나고 창조적인 성과는 올바른 기업문화 안에서 탄생하기 마련이라고 생각하며 회사의 전체적인 성공에 기여하는 팀의 성과와 개개인의 성취감을 중요하게 여긴다.

열째, 우수한 수준에 만족할 수 없다.

Google은 우수하다는 것이 끝이 아니라 시작을 의미해야 한다고 생각한다. Google은 아직 도달할 수 없는 것을 목표로 삼으며 그 목표에 도달하기 위해 노력할 때 기대보다 더 많이 얻을 수 있다는 사실을 알고 있다. 혁신과 반복을 통해 Google은 이미 성공적으로 제공 중인 서비스도 예상치 못한 방법으로 개선하고자 한다.

한편, Google은 다음과 같은 핵심 가치를 제시하여 업무 추진 문화를 이끌고 있다.

첫째, 사용자 중심: Google이 하는 모든 일은 사용자의 요구를 충족하는 제품과 서비스를 만드는데 맞춰져야 한다. 여기에는 피드백을 듣고, 연구를 수행하고, 데이터를 사용하여 제품 개발 및 의사 결정을 하는 등의 Circulation 방법론이 적용된다.

둘째, 개인 존중: Google은 다양성과 포용성을 소중히 여기며 모든 직원들이 상호 존중받고 있다는 직장문화를 만들기 위해 노력한다. 따라서 다양한 배경을 가진 직원들을 고용하고, 포용적인 문화를 조성하고, 전문적인 성장과 발전의 기회를 제공한다.

셋째, 혁신: Google은 창의성과 혁신을 중요하게 여기며 직원들이 현재에 만족하지 않고 도전하도록 장려한다. 따라서 직원들은 위험을 감수하고, 새로운 아이디어를 실험하고, 제품과 서비스를 지속적으로 개선하려고 도전하게 된다.

넷째, 속도와 민첩성: Google은 속도와 민첩성을 강조하여 시장과 고객 요구의 변화에 신속 대응하기 위해 노력한다.

다섯째, 결과에 집중: Google은 결과를 소중히 여기며 직원들이 야심 찬 목표를 설정하고 이를 달성해 내도록 권장한다. 여기에 성과 측정, 피드백 제공, 성공 인정 및 보상을 하여 직원들의 도전을 자극함은 물론이다.

현재 Google은 세계에서 가장 크고 영향력 있는 기술 회사로서 사회적 책임을 다하기 위해 지속경영, 개인정보 보호, 다양성, 형평성, 포용성과 같은 문제 해결을 위해 다양한 조치를 취하여 사회에 긍정적인 영향을 미치기 위해 노력하고 있다. Google은 2007년 이미 탄소중립을 달성하고 데이터센터와 사무실에서 100% 재생에너지 사용을 목표로 노력 중이며 풍력, 태양광 등 지속가능한 에너지 활용에 투자하고 있다.

또한, 사용자 데이터 처리에 정밀한 조사를 시행하며 사용자가 자기 데이터 및 정보 설정을 제어할 수 있게 하는 등 개인 정보 보호 및 투명성 강화 조치들을 실행하고 있다. 다양성, 형평성 및 포용성 확보 및 유지를 위해 다양성 채용 프로그램, 무의식적인 편견 방지 교육 등 여러 이니셔티브를 구현했다.

이러한 Google의 기업문화와 제도들은 Google 성공에 중요한 역할을 했으며 첨단의 인터넷 사업의 리더로 차별화되어 발현되었고 혁신, 협업, 포용의 문화는 직원들의 도전적이지만 공정한 업무 태도뿐만이 아니라 회사에 대한 자긍심을 크게 제고하고 있는 것으로 평가된다.

[참고문헌]

- 국가공무원인재개발원, 인공지능 AI정책활용안내서 - 기본편, 2024.03.
- 국가공무원인재개발원, 인공지능 AI정책활용안내서 - 활용편, 2024.03.
- 김민경, "Google It -A History of Google", 제주대학교 통번역대학원, 2020.
- 나무위키, 알파벳 기업 현황, 2024.06.
- 농촌진흥청, 시장조사 및 사업기획을 위한 생성형 AI 활용 매뉴얼, 2024.04.
- 셀파우등생교실, Google-정체불명의 광고판, 2017.10.
- ai.google, Google AI Principles, 2024.06.
- Alphabet, Alphabet Q4 2023 Earnings call, January 30, 2024 1:30 P.M. PT
- Haru IT, Gemini 사용법, 종류, 출시일, 2023.08.
- Alphabet Investor Relations, Alphabet Announces Fourth Quarter and Fiscal Year 2023 Results, 2024.01.
- Brand story - Google: 세상을 보는 눈, 2021.12.12.
- Google AI for Developers, 튜토리얼: Gemini API 시작하기, 2024.06.
- Google Workspace, Gemini for Google Workspace Prompt Guide, 2024.06.
- Insight and Analysis - Google, 2023.07.31.

[저자소개]

진익성 JIN EEK SEONG

학력
- 호서대 벤처대학원 융합서비스경영 경영학 박사
- 뉴욕주립대 Stony Brook 기술경영 이학석사
- 경희대학교 전자공학과 공학사

경력
- 현) 남서울대학교 산학협력단 교수
- 현) 성균관대 창업지원단 심사위원
- 현) 창업진흥원 전담 멘토
- 전) 삼성 C-Lab/삼성 투모로우 심사 위원
- 전) 경북창조경제혁신센터 기업협력 본부장
- 전) 경북대/영남대/금오공대/대구대 창업지원단 협력위원

경력
- 창업지도사
- 인공지능산업컨설턴트
- 융합전략지도사

10장

김주성

마케팅 관점에서 바라보는 ESG, DX, AI

1. 마케팅의 변화와 혁신

(1) 마케팅의 변화와 혁신

1) 전통 마케팅에서 디지털 마케팅으로의 변화

전통 마케팅은 텔레비전, 라디오, 신문, 잡지 등 오프라인 매체를 통해 고객에게 메시지를 전달하는 방식으로, 대규모 인구를 대상으로 하는 일방적인 커뮤니케이션이 특징이다. 그러나 디지털 기술의 발전과 인터넷의 보급으로 마케팅 환경은 급격히 변화하였다.

첫째, 접근성과 타겟팅이 변화하였다. 전통 마케팅은 넓은 범위의 대중을 대상으로 하지만, 디지털 마케팅은 소셜 미디어, 검색엔진, 이메일 등을 통해 특정 고객층을 정확하게 타겟팅할 수 있다. 예를 들어, 페이스북 광고는 사용자의 관심사, 나이, 위치 등을 기반으로 맞춤형 광고를 제공한다.

둘째, 실시간 데이터와 분석이 가능하다. 전통 마케팅은 캠페인의 효과를 측정하는 데 한계가 있었지만, 디지털 마케팅은 실시간 데이터 수집과 분석이 가능하다. 구글 애널리틱스와 같은 도구를 통해 웹사이트 트래픽, 사용자 행동, 전환율 등을 즉각적으로 파악할 수 있다. 이는 마케팅 전략의 빠른 수정과 최적화를 가능하게 한다.

셋째, 비용 효율성과 높은 ROI를 들 수 있다. 전통 마케팅은 높은 비용이 드는 반면, 디지털 마케팅은 비교적 저렴한 비용으로도 큰 효과를 볼 수 있다. 소셜 미디어 광고, 검색엔진 최적화(SEO), 콘텐츠 마케팅 등은 적은 비용으로 높은 투자수익률(ROI)을 제공한다.

넷째, 고객 참여와 상호작용을 들 수 있다. 전통 마케팅은 주로 일방향적인 메시지 전달에 그치지만, 디지털 마케팅은 고객과의 상호작용을 촉진한다. 소셜 미디어 플랫폼을 통해 고객의 피드백을 즉각적으로 받을 수 있으며, 이를 통해 브랜드에 대한 신뢰와 충성도를 높일 수 있다.

다섯째, 맞춤형 경험이 가능하다. 디지털 마케팅은 고객의 취향과 행동을 분석하여 개인화된 경험을 제공한다. 예를 들어, 이메일 마케팅은 고객의 구매 이력을 바탕으로 개인 맞춤형 제안을 할 수 있다. 이는 고객 만족도를 높이고 재구매를 유도하는 데 효과적이다.

결론적으로, 디지털 마케팅은 접근성, 실시간 데이터 분석, 비용 효율성, 고객 참여, 맞춤형 경험 등에서 전통 마케팅과 차별화된다. 이러한 변화는 마케터들이 더 효과적이고 효율적인 전략을 수립하고 실행할 수 있도록 도와준다. 디지털 시대의 도래는 마케팅의 패러다임을 완전히 바꾸었으며, 앞으로도 계속해서 진화할 것이다.

2) 기술 발전이 마케팅에 미친 영향

기술의 발전은 마케팅의 모든 측면에 걸쳐 깊고 광범위한 영향을 미쳤다. 디지털 기술의 도입은 마케팅 전략의 수립부터 실행 그리고 성과 측정에 이르기까지 혁신적인 변화를 가져왔다. 빅데이터와 인공지능(AI) 기술은 방대한 양의 데이터를 분석하고, 이를 통해 고객 행동, 선호도, 시장 트렌드를 예측할 수 있게 했다. 이러한 데이터 기반 인사이트는 마케팅 전략을 더 정교하고 타겟팅된 방식으로 설계하는 데 기여한다. 예를 들어, 고객 세그먼트를 세분화하여 맞춤형 마케팅 캠페인을 실행할 수 있다.

AI와 머신러닝 알고리즘은 고객의 과거 행동 데이터를 분석하여 개인화된 경험을 제공한다. 이메일 마케팅, 추천 시스템, 개인화된 광고 등은 고객의 관심사와 구매 패턴에 기반하여 설계된다. 이는 고객의 참여도를 높이고, 전환율을 향상시키는 데 중요한 역할을 한다.

검색엔진 광고(SEA), 소셜 미디어 광고, 디스플레이 광고 등 디지털 광고 플랫폼은 정교한 타겟팅을 가능하게 한다. 광고주는 특정 인구 통계, 지리적 위치, 관심사 등을 기준으로 광고를 세밀하게 타겟팅할 수 있다. 이는 광고 비용 대비 효과를 극대화하는 데 기여한다.

기술 발전은 실시간 마케팅을 가능하게 했다. 예를 들어, 소셜 미디어 플랫폼에서는 실시간으로 트렌드를 파악하고, 이에 맞춘 캠페인을 즉각적으로 실행할 수 있다. 또한, 마케팅 자동화 도구는 이메일 마케팅, 리드 관리, 캠페인 실행 등을 자동화하여 효율성을 높인다.

고객은 여러 디지털 채널을 통해 브랜드와 상호작용한다. 기술 발전은 옴니채널 마케팅 전략을 통해 일관된 고객 경험을 제공할 수 있도록 한다. 웹사이트, 모바일 앱, 소셜 미디어, 이메일 등 다양한 채널에서 일관된 메시지와 경험을 제공함으로써 고객 충성도를 높일 수 있다.

소셜 미디어 플랫폼의 발전은 고객과의 직접적인 소통을 가능하게 했다. 브랜드는 소셜 미디어를 통해 고객과의 상호작용을 강화하고, 피드백을 즉시 반영할 수 있다. 또한, 인플루언서 마케팅은 소셜 미디어를 통해 큰 영향력을 행사하는 인플루언서를 활용하여 브랜드 인지도를 높이고, 소비자에게 신뢰를 줄 수 있다.

AR과 VR 기술은 마케팅에 새로운 차원을 추가했다. 예를 들어, 고객은 AR을 통해 제품을 가상으로 체험해 볼 수 있으며, VR을 통해 몰입형 브랜드 경험을 할 수 있다. 이는 고객의 참여를 유도하고, 구매 의사결정을 촉진한다.

결론적으로, 기술 발전은 마케팅의 모든 측면에 걸쳐 혁신적인 변화를 가져왔다. 데이터 분석, 개인화된 경험, 디지털 광고, 실시간 마케팅, 옴니채널 전략, 소셜 미디어, AR/VR 등 다양한 기술적 도구와 플랫폼을 통해 마케터는 더 효과적이고 효율적인 마케팅 전략을 수립하고 실행할 수 있다. 이러한 변화는 고객과의 관계를 강화하고, 비즈니스 성과를 향상시키는 데 중요한 역할을 한다.

(2) AI, DX, ESG의 중요성

AI(인공지능), DX(디지털 전환), ESG(환경, 사회, 지배구조)는 현대 마케팅의 새로운 패러다임을 형성하는 세 가지 핵심 요소이다. 각각의 요소는 마케팅 전략을 혁신하고, 고객과의 관계를 강화하며, 지속가능한 성장을 가능하게 한다. AI는 마케팅의 효율성과 효과를 극대화하는 데 중요한 역할을 한다. AI는 고객 데이터를 분석하여 맞춤형 마케팅 메시지를 생성한다. 예를 들어, 넷플릭스와 같은 스트리밍 서비스는 AI를 통해 사용자 선호도를 분석하고, 개인화된 콘텐츠 추천을 제공한다.

AI는 고객의 미래 행동을 예측하여 더 나은 마케팅 전략을 수립할 수 있게 한다. 예측 모델을 통해 고객의 이탈 가능성을 파악하고, 이를 방지하기 위한 맞춤형 캠페인을 실행할 수 있다.

AI 기반의 마케팅 자동화 도구는 이메일 캠페인, 소셜 미디어 게시물, 광고 등을 자동화하여 시간과 비용을 절감한다. 예를 들어, HubSpot과 같은 플랫폼은 AI를 활용하여 고객 여정을 자동화한다.

디지털 경험은 고객과의 상호작용 방식을 혁신하고, 브랜드와 고객

간의 관계를 강화한다. DX는 웹사이트, 모바일 앱, 소셜 미디어, 이메일 등 다양한 디지털 채널에서 일관된 브랜드 경험을 제공하여 고객의 만족도를 높인다. 예를 들어, 스타벅스는 모바일 앱을 통해 주문, 결제, 리워드 적립 등을 통합하여 고객 경험을 향상시켰다.

고객 중심의 UX 디자인은 웹사이트와 애플리케이션에서 사용자가 편리하고 직관적으로 상호작용할 수 있도록 한다. 이는 고객의 참여를 유도하고 전환율을 높이는 데 기여한다.

채팅봇과 같은 실시간 인터랙션 도구는 고객의 질문에 즉각적으로 답변하여 만족도를 높인다. 예를 들어, H&M은 채팅봇을 통해 고객의 패션 관련 질문에 실시간으로 응답한다.

ESG는 기업의 사회적 책임과 지속 가능한 경영을 강조하며, 이는 마케팅 전략에도 반영된다. 소비자들은 점점 더 환경친화적인 제품과 서비스를 선호한다. 마케팅 전략에 친환경 요소를 포함하여 브랜드의 지속가능성을 강조하는 것이 중요하다. 예를 들어, 파타고니아는 친환경 소재를 사용한 제품과 환경 보호 캠페인을 통해 브랜드 가치를 강화하고 있다.

기업의 사회적 책임 활동은 브랜드 이미지에 긍정적인 영향을 미친다. 사회적 이슈에 대한 적극적인 참여와 기부 활동 등을 통해 소비자와의 신뢰 관계를 구축할 수 있다. 예를 들어, 베네통은 사회적 메시지를 담은 광고 캠페인으로 주목받고 있다.

투명한 경영과 윤리적 비즈니스 관행은 소비자 신뢰를 높인다. 이는 장기적으로 브랜드 충성도를 강화하는 데 도움이 된다. 예를 들어, 유니레버는 지속 가능한 공급망 관리와 투명한 경영 보고를 통해 신뢰를 구축하고 있다.

AI, DX, ESG는 현대 마케팅의 새로운 패러다임을 형성하며, 각각의 요소는 마케팅 전략을 더욱 효과적이고 혁신적으로 만든다. AI는 데이터 기반의 개인화 마케팅과 자동화를 가능하게 하고, DX는 고객 경험을 혁신하며, ESG는 지속 가능성과 사회적 책임을 강조한다. 이 세 가지 요소를 통합하여 마케팅 전략을 수립하면, 고객과의 깊은 관계를 구축하고, 장기적인 브랜드 가치를 창출할 수 있다.

2. AI와 마케팅

(1) AI 개요와 역사

인공지능(Artificial Intelligence, AI)은 컴퓨터 시스템이 인간의 지능적 행동을 모방할 수 있게 하는 기술을 의미한다. AI는 학습, 추론, 문제 해결, 이해, 언어 처리 등 인간의 인지 능력을 컴퓨터 시스템이 수행할 수 있도록 하는 것을 목표로 한다.

AI는 2010년에 들어서 딥러닝(Deep Learning)을 통해 다층 신경망을 활용하여 이미지 인식, 음성 인식, 자연어 처리 등에서 획기적인 성과를 이루었다. 2012년, 알렉스넷(AlexNet)이 이미지넷(Imagenet) 대회에서 우승하며 딥러닝의 위력을 입증했다. 2016년, 구글 딥마인드의 알파고가 세계 바둑 챔피언 이세돌을 이기며 AI의 잠재력을 다시 한번 증명했다. 현재 AI는 자율주행차, 의료 진단, 금융 분석, 고객 서비스 등 다양한 분야에서 응용되고 있다. AI 연구는 인간의 지능적 능력을 모방하는 것을 넘어, 창의성과 자율성을 가진 시스템 개발로 나아가고 있다. AGI와 같은 고급 AI 시스템은 아직 연구 단계에 있지만, 빠른 속도로 발전하고 있다.

AI는 초기의 기호 처리와 문제 해결에서부터 기계 학습과 딥러닝을 거쳐 현대의 다양한 응용 분야에 이르기까지 지속적으로 발전해 왔다. AI는 앞으로도 기술 혁신을 이끌고, 사회 전반에 걸쳐 다양한 변화를 가져올 것으로 예상된다.

(2) 빅데이터와 AI의 관계

빅데이터와 AI는 상호보완적인 관계에 있으며, 서로의 발전을 촉진하고 있다. 빅데이터는 AI 시스템의 성능을 향상시키는 데 필요한 대규모 데이터 세트를 제공하며, AI는 이러한 데이터를 분석하고 유의미한 인사이트를 도출하는 역할을 한다. 두 기술의 관계는 다음과 같은 측면에서 설명될 수 있다.

첫째, 빅데이터가 AI를 지원하는 측면이다. AI, 특히 기계 학습(ML)과 딥러닝(Deep Learning) 알고리즘은 대규모 데이터 세트에서 학습해야 성능이 향상된다. 빅데이터는 이러한 AI 알고리즘이 학습할 수 있는 풍부한 데이터를 제공한다. 빅데이터는 다양한 소스에서 생성되며, 이 데이터를 통해 AI는 복잡한 패턴을 인식하고 이해할 수 있다. 예를 들어, 빅데이터를 사용하여 고객 행동 패턴을 분석하고, 이를 통해 개인화된 추천 시스템을 구축할 수 있다. 더 많은 데이터는 AI 모델의 정확도를 높이는 데 기여한다. 빅데이터를 사용하면 모델의 훈련 데이터가 풍부해져 더 정교하고 신뢰성 있는 AI 시스템을 개발할 수 있다.

둘째, AI가 빅데이터를 활용하는 측면이다. AI는 방대한 양의 데이터를 빠르고 정확하게 분석할 수 있는 도구를 제공한다. 이를 통해 기업은 데이터에서 유의미한 인사이트를 도출할 수 있다. 예를 들어, AI 기반의 데이터 분석 도구는 마케팅 캠페인의 효과를 실시간으로 분석하여 전략을 최적화한다. AI는 빅데이터 처리와 분석을 자동화하여 시간과 비용을 절감한다. 이는 데이터 처리 속도를 높이고, 인간의 개입 없이도 복잡한 분석 작업을 수행할 수 있게 한다. AI는 빅데이터를 기반으로 미래를 예측하는 데 사용된다. 예를 들어, AI는 고객의 구매 이력을 분석하여 향후 구매 패턴을 예측하고, 이를 통해 맞춤형 마케팅 전략을 제안할 수 있다.

결론적으로 빅데이터와 AI는 상호의존적이며, 서로의 발전을 촉진하는 관계에 있다. 빅데이터는 AI의 학습과 발전에 필요한 데이터를 제공하고, AI는 이러한 데이터를 분석하여 유의미한 인사이트를 도출하며, 자동화된 의사결정과 예측을 가능하게 한다. 두 기술의 결합은 다양한 산업 분야에서 혁신을 이루는 데 핵심적인 역할을 하고 있다.

3. DX(디지털 전환, 디지털 경험)

(1) 디지털 전환, 디지털 경험의 정의와 중요성

디지털 경험(Digital Experience)은 사용자가 디지털 채널을 통해 브랜드, 제품 또는 서비스를 경험하는 모든 상호작용을 의미한다. 여기에는 웹사이트, 모바일 앱, 소셜 미디어, 이메일, 가상현실(VR) 등의 다양한 디지털 터치포인트가 포함된다. 디지털 경험은 사용자 인터페이스(UI), 사용자 경험(UX), 콘텐츠 품질, 상호작용의 일관성 및 편리성을 모두 포괄한다. 이런 디지털 기술을 사회 전반에 적용하여 전통적인 사회 구조를 혁신시키는 것을 DX라고 한다.

일반적으로 기업에서 사물인터넷(IoT), 클라우드 컴퓨팅, 인공지능

(AI), 빅데이터 솔루션 등 정보통신기술(ICT)을 플랫폼으로 구축·활용하여 기존 전통적인 운영 방식과 서비스 등을 혁신하는 것을 의미한다.

IBM 기업가치연구소의 보고서(2011)는 '기업이 디지털과 물리적인 요소들을 통합하여 비즈니스 모델을 변화시키고, 산업에 새로운 방향을 정립하는 전략'이라고 정의하고 있다.

디지털 전환을 위해서는 아날로그 형태를 디지털 형태로 변환하는 전산화(Digitization) 단계와 산업에 정보통신 기술을 활용하는 디지털화(Digitalization) 단계를 거쳐야 한다. 성공적인 디지털 전환을 통해 4차 산업혁명이 실현된다.

(2) 성공적인 디지털 전환 마케팅 사례

디지털 전환은 기업이 디지털 기술을 활용해 운영 방식을 혁신하고, 고객과의 상호작용을 개선하는 과정이다. 성공적인 디지털 전환을 통해 마케팅 효과를 극대화한 사례를 몇 가지 소개한다.

나이키는 개인화된 피트니스 콘텐츠와 운동 계획을 제공하며, 고객의 운동 데이터, 구매 이력 등을 분석하여 개인 맞춤형 제품 추천과 마케팅 캠페인을 진행했다.

스타벅스는 AI와 빅데이터를 활용해 고객의 구매 이력을 분석하고, 개인화된 마케팅 메시지와 프로모션을 제공했다. 고객이 미리 주문하고 결제할 수 있는 기능을 도입해 대기 시간을 줄였다.

버버리는 런던 플래그십 스토어에 디지털 스크린과 인터랙티브 미러를 설치하여 고객이 다양한 각도에서 제품을 볼 수 있도록 했다. 또한, 패션쇼를 온라인으로 생중계하여 전 세계 고객이 실시간으로 쇼를 감상할 수 있도록 했다.

4. ESG의 도입과 필요성

환경, 사회, 지배구조(ESG)는 기업의 지속가능성과 사회적 책임을 강조하는 경영 전략으로, 최근 들어 많은 기업들이 ESG를 도입하고 있다. 마케팅 측면에서 ESG 도입의 필요성은 다음과 같은 이유에서 강조된다.

(1) 브랜드 이미지와 신뢰도 향상

ESG 원칙을 준수하는 기업은 사회적으로 책임 있는 기업으로 인식되며, 이는 긍정적인 브랜드 이미지를 구축하는 데 도움이 된다. 예를 들어, 친환경 제품을 개발하고, 탄소 배출량을 줄이는 노력을 하는 기업은 환경 보호에 관심이 많은 소비자들로부터 긍정적인 평가를 받을 수 있다. 또한, ESG 활동은 투명하고 책임 있는 경영을 보여주므로, 고객의 신뢰를 높이는 데 기여한다. 기업이 윤리적인 경영과 사회적 책임을 다하는 모습을 보일 때, 소비자들은 그 기업을 더 신뢰하게 된다.

(2) 소비자 행동 변화 대응

현대 소비자들은 점점 더 지속 가능한 제품과 서비스를 선호한다. ESG를 도입한 기업은 이러한 소비자들의 기대에 부응할 수 있으며, 이는 구매 결정에 긍정적인 영향을 미친다. 예를 들어, 젊은 소비자층은 친환경 패키징, 공정 무역 제품 등을 선호하는 경향이 있다. 소비자들은 기업의 사회적 책임을 중요하게 생각하며, 윤리적 경영을 실천하는 기업의 제품과 서비스를 더 선호한다. 이는 기업의 시장 점유율 확대에 기여할 수 있다.

종합적으로, 기업의 마케팅 측면에서 ESG 도입은 긍정적인 브랜드 이미지 구축, 소비자 행동 변화 대응, 경쟁 우위 확보, 법규 준수 및 리스크 관리, 투자 유치, 직원 만족도와 인재 유치 등 다양한 이점을 제공한다. ESG를 도입함으로써 기업은 지속 가능한 성장을 이루고, 장기적인 경쟁력을 확보할 수 있다. 이는 단순히 사회적 책임을 다하는 것 이상의 전략적 의사결정으로, 기업의 성공과 지속가능성을 높이는 중요한 요소가 된다.

5. AI, DX, ESG의 통합 마케팅 전략

(1) 고객 데이터 분석 및 개인화 마케팅(AI + DX)

AI를 활용하여 고객의 행동, 선호도, 구매 이력 등을 분석한다. 이 데이터를 기반으로 고객의 요구와 기대를 파악한다. 분석된 데이터를 활용하여 웹사이트, 모바일 앱, 이메일 등을 통해 개인화된 마케팅 메시지를 전달한다. 예를 들어, 고객의 구매 이력을 기반으로 맞춤형 제품 추천을 제공한다. AI 기반 챗봇과 고객 지원 시스템을 통해 실시간으로 고객의 질문에 응답하고, 문제를 해결한다.

(2) 옴니채널 전략(DX + ESG)

다양한 디지털 채널(웹사이트, 모바일 앱, 소셜 미디어 등)에서 일관된 메시지와 브랜드 경험을 제공하여 고객이 어떤 채널을 사용하든 동일한 수준의 서비스를 경험할 수 있게 한다. ESG 요소를 강조하는 커뮤니케이션 전략을 통해 고객에게 환경적, 사회적 책임을 다하는 모습을 보여준다. 예를 들어, 제품 페이지에 친환경 인증 정보를 제공하거나 사회적 책임 활동을 홍보한다. 소셜 미디어를 통해 ESG 관련 캠페인을 전개하고, 고객이 참여할 수 있는 기회를 제공한다. 예를 들어, 환경 보호 캠페인에 참여하거나 사회적 이슈에 대한 의견을 공유하도록 장려한다.

(3) 지속가능한 제품과 서비스(AI + ESG)

AI를 활용하여 제품의 전체 수명 주기를 분석하고, 환경에 미치는 영향을 평가한다. 이를 통해 더 지속가능한 제품을 개발하고, 운영 방식을 개선할 수 있다. ESG 기준을 준수하는 제품과 서비스를 개발하고, 이를 마케팅 전략에 반영한다. 예를 들어, 친환경 재료를 사용한 제품을 개발하고, 이를 마케팅 메시지에 포함시킨다. AI를 활용하여 제품의 생산 과정, 원재료 출처, 탄소 발자국 등 관련 정보를 투명하게 제공하여 고객이 신뢰할 수 있는 브랜드 이미지를 구축한다.

(4) 고객 참여와 피드백 수집(DX + AI + ESG)

디지털 플랫폼을 통해 고객의 피드백을 수집하고, 이를 바탕으로 제품과 서비스를 개선한다. 예를 들어, 온라인 설문조사, 소셜 미디어 피드백 등을 통해 고객의 의견을 반영한다. ESG와 관련된 참여 프로그램을 통해 고객의 참여를 유도한다. 예를 들어, 재활용 캠페인, 에너지 절약 프로그램 등을 통해 고객이 적극적으로 참여할 수 있도록 한다. AI를 활용하여 수집된 피드백을 분석하고, 고객의 요구와 기대를 반영한 마케팅 전략을 수립한다.

AI, DX, ESG를 통합한 마케팅 전략은 고객 경험을 극대화하고, 브랜드 신뢰성을 강화하며, 지속가능한 성장을 촉진하는 데 중요한 역할을 한다. 이를 통해 기업은 경쟁력을 유지하고, 장기적인 성공을 이룰 수 있다. 이러한 전략은 고객의 기대에 부응하고, 사회적 책임을 다하는 동시에, 효율성과 수익성을 극대화하는 데 기여한다.

6. AI, DX, ESG가 주도하는 미래 마케팅

AI, DX, ESG가 주도하는 미래 마케팅은 개인화, 자동화, 예측 분석 등을 통해 고객 경험을 혁신하고, 지속가능한 성장을 추구한다. 이러한 통합적 접근은 기업이 경쟁력을 유지하고, 고객 신뢰와 충성도를 확보하며, 사회적 책임을 다하는 데 중요한 역할을 한다. 미래 마케팅은 기술 혁신과 윤리적 경영을 결합하여 더 나은 고객 경험과 지속 가능한 성과를 창출할 것이다.

[참고문헌]

- [네이버 지식백과] 디지털 전환 [Digital Transformation, -轉換] (IT용어사전, 한국정보통신기술협회)

[저자소개]

김주성 KIM JOO SEONG

학력
- 캐롤라인 유니버시티 경영학 석사(MBA)

경력
- (사)온라인유통MD협회 수석이사
- 구리남양주 평생교육원 원장
- 서민금융진흥원 컨설턴트
- 서울시자영업지원센터 서울신용보증재단 컨설턴트
- 제주경제통상진흥원 컨설턴트
- 농림수산식품교육문화정보원 청년동 창업, 투자 심층컨설턴트
- 남양주소상공인 뉴스 발행인
- 온라인 판매, 온라인광고 전문가 '에그써티' 대표
- 경기도시장상권진흥원 재창업 컨설턴트
- 소상공인시장진흥공단 강사(온라인 유통, 마케팅)
- 경기도시장상권진흥원 강사(온라인유통, 마케팅)

저서

- 《ESG경영 사례연구》, 공저, 브레인플랫폼 2024.
- 《건강한 경제적 자유》, 공저, 브레인플랫폼, 2024.

SNS

- 이메일: jsdavidkim@naver.com

11장

최병주

건설 산업의
AI 적용 실태 및
미래 기술 발전 방안

1. 들어가며

지난날 정보화 산업의 발전을 통하여 개별 산업 중심의 성장과 기술 자체의 발전에 집중하였다면 4차 산업혁명은 산업과 산업, 기술과 기술 간의 융·복합을 통하여 생산성, 효율성, 안전성 등의 높은 부가가치를 창출하는 것을 궁극적인 목표로 하였다.

우리의 일상을 보면, 아침에 일어나 구글 홈에게 "Hey Google"을 외쳐 날씨를 물어보고, 좋아하는 음악을 틀어달라고 하며, 버스가 도착 여부를 확인한 후 시간 맞춰서 집을 나가고, 출근하는 버스에서는 어제 주문한 물품에 대하여 챗봇으로 문의를 한다. 버스 옆을 지나가는 승용차 차량의 운전자가 핸들에서 양손을 떼고 책을 읽고 있는 모습이 이제는 어색하지가 않다. 이렇듯 우리는 이미 인공지능(AI)과 함께 살고 있으며 그 중심에는 딥러닝(Deep Learning)이 있다.

딥러닝은 새로운 개념이 아니라, 머신러닝(Machine Learning)만으로는 해결하기 어려웠던 데이터 처리 성능이 소프트웨어와 하드웨어의 진화에 따라 향상되면서 다양한 종류의 데이터를 더 많이 빠르게 분석하는 것이 가능해졌고, 이를 딥러닝이라 부르게 된 것이다.

인공지능과 4차 산업혁명과는 이제 더 이상 낯선 단어가 아니다. 세계경제포럼을 통하여 이에 대한 본격적인 논의가 시작되었고, 많은 학자들과 여러 산업 분야의 전문가들도 새로운 기술혁명이 우리 삶과 산업 전반에 어떠한 변화를 가지고 올 것인가에 대하여 연구를 하고 있다.

건설 산업에도 지난 30년보다 최근 5년 동안 더 많은 변화가 일어나고 있는데, 기술 변화 속도에 맞춰 건설 산업이 새롭게 도약하기 위해서는 스스로 변화하는 것부터 시작해야 할 것이다.

건설 산업이 4차 산업혁명 시대를 선도할 수 있는 핵심 산업이 되기 위해서는 재래적인 방식에서 벗어나 문제의 한계점을 파악하여 새로운 건설 기술의 혁신적인 자세로 첨단 AI를 수용하는 입장에서 설계, 시공, 유지 관리 등 건설 과정에 AI 신기술을 적극적으로 도입하는 자세가 필요할 것이다.

첫째, 챗봇(Chatbot)은 정보통신, 문자나 음성으로 사용자와 대화를 나눌 수 있도록 시스템이 구현된 컴퓨터 프로그램의 일종인 인공지능이다.

둘째, 딥러닝은 인공지능의 한 분야로, 다층 신경망을 활용해 데이터로부터 특징을 학습하고 패턴을 인식하는 기술이다. 딥러닝은 머신러닝의 하위 분야로 더욱 복잡하고 깊은 신경망 구조를 사용해 데이터를 분석하고 예측하는 데 특화되어 있다.

셋째, 머신러닝은 인간이 자연적으로 수행하는 학습 능력과 같은 기능을 컴퓨터에서 실현하려는 기술이나 방법으로, 인공지능 분야의 하나이다.

2. 건설 산업과 인공지능(AI) 산업의 개념

인공지능(AI) 산업은 "인간의 지적 업무를 모방·대체하는 기반 기술의 AI 개념과 산업의 가치 연결 단계를 고려할 때 ① AI 생산 도구를 제공하거나 ② AI 활용 기반의 제품·서비스를 제공하거나 ③ AI 시스템 구축·지원을 위한 서비스를 제공하는 산업"으로 정의되고 있다(통계청, 2020).

한국수출입은행에 의하면, 인공지능(AI) 산업은 인공지능을 생산·유통·활용하는 소프트웨어, 하드웨어, 서비스 산업을 지칭하며, 데이터의 구축과 처리부터 인공지능 기술의 개발 및 적용으로 가치사슬을 추구하는 산업이라고 정의하고 있다(한국수출입은행, 2021).

정부 관계부처 합동논의에서는 '지능화 기술과의 융합을 통하여 산업 경쟁력을 제고하고 신산업·일자리를 창출하여 지속 발전 경제실현'이라는 목표 달성을 위한 지능화 기반 산업으로 의료, 제조, 건설, 이동체, 에너지, 금융 물류, 농수산업을 선정하였다(관계부처 합동, 2018).

개념을 종합하면 인공지능 산업은 인공지능 기반의 기술을 활용하여 기존 여러 산업과 기술에 접목하여 자동화, 규격화, 효율성 제고 등의 높은 부가가치를 창출하는 산업이라 할 수 있다.

4차 산업혁명과 인공지능 산업에 대하여 정의하였는데 앞서 언급한 문헌에서 정의된 인공지능 산업을 10차 개정 한국표준산업분류에 상응하게 분류하였으며, 4차 산업혁명 시대에 대비한 준비 현황을 건설 산업과 비교를 고려하여 다음의 <표 1>과 같이 10개의 산업 분류를 금번 저술의 인공지능 산업 범위로 하여 서술하기로 하였다.

<표 1> 인공지능 산업 범위 규정

인공지능 산업	적용 사례 및 활용 현황
A 농업, 임업 및 어업	스마트팜, AI기반 품종개발, 최적 작물 추천, 생육 환경제어 등
C 제조업	스마트팩토리, 공정자동화, 지능형 기계, 시뮬레이션, 자율차 제조 등
F 건설업	스마트 건설, AI 설계, 건설관리, 안전관리, 영상 분석, 중장비 자동화 등
H 운수 및 창고업	자율 주행 서비스, 차량 사이버 보안, 지능형 교통 정보 서비스 맞춤형 최적 배송 등
J 정보통신업	AI 콘텐츠 제작, 지능형 게임, 가상비서, 정보 서비스 등
K 금융 및 보험업	사기 탐지, 보험, 재무 분석, 대출 심사, 투자 추천, 지불/결제 자동화, 리스크 관리 로보어드 바이저, 분법 감독 등
M 전문, 과학 및 기술서비스업	AI 법률상담/판례 분석, AI 회계 관리, AI번역, AI 경영 컨설팅 등
P 교육서비스	맞춤형 커리큘럼, AI 채점, 스마트 학습 지원, AI 튜터 등
Q 보건업 및 사회복지 서비스업	약물 관리, 신약개발, 조기 진단, 임신 관리, 처방, 의료 이미지 분석, 약물 및 의료기기 효과 분석 등
R 예술, 스포츠 및 여가관련 서비스업	AI 콘텐츠 제작, 아티스트 로봇, 지능형 스포츠 코칭, 실감형 스포츠 콘텐츠 등

(1) 국내 건설 산업 개요

국내 건설 산업은 크게 업종별로 건축과 토목으로 구분하고 있으며, 생애주기별 단계에 따라 설계, 시공, 유지 관리로 구분할 수 있다.

건설 산업의 특성은 <표 2>를 보면 주문생산, 낮은 진입 장벽(설립 기준: 종합건설업의 경우 자본금 8.5억 원, 건설 기술인력 11명 이상), 노동집약적이고 고용구조가 불안정한 산업, 불완전 시장구조, 정부의 광범위한 시장 개입, 협업 생산으로 볼 수 있다(2024년 건설업 등록 기준).

<표 2> 건설 산업의 특성

특성	내용
주문생산	발주자의 수요와 요청에 따라 생산활동이 이루어짐
낮은 진입장벽	적은 자본과 기술력으로 쉽게 설립이 가능함
노동집약적, 고용구조가 불안정	기계나 자동화에 의한 생산공정이 어렵고, 첨단 시설이나 장비의 사용에 한계가 있어 기능인력 의존도가 높음
불완전 시장구조	건설 상품은 시장 정보가 공개되지 않는 경우가 많고, 자본재에 대한 파생적 수요가 큰 영향을 미침
정부의 광범위한 시장개입	건설산업기본법을 중심으로 40개의 법률에 의해 다양한 규제 조치를 취함
협업 생산	기획-타당성 분석-설계-시공-유지관리 등의 복잡한 과정에 다수의 주체들이 참가함.

(2) 국내 건설 경기 현황

국내 경제 성장은 2024년 세계 경제 성장률 전망치(3.2%)보다는 낮은 성장(3.0%)을 보일 것으로 전망된다. 통계청의 <산업활동동향> 중 건설경기 동향조사는 전전년 《건설업조사》에 근거해서 총 기성액 기준 대표도 54%에 해당하는 기성액 순위 상위 건설업체를 선정(2024년 건설수주조사)하여 국내 건설공사실적을 매월 조사·발표하는 표본조사로 월별 〈산업활동동향〉 자료를 통하여 국내 주요 건설 활동 동향을 파악·분석하고 있으며, 2024년 4월 국내 건설 수주액은 전년 동월 대비 38.6% 증가하였으며, 전년 동월 대비 공공은 9.6% 증가, 민간은 53.2% 증가한 것으로 나타났다.

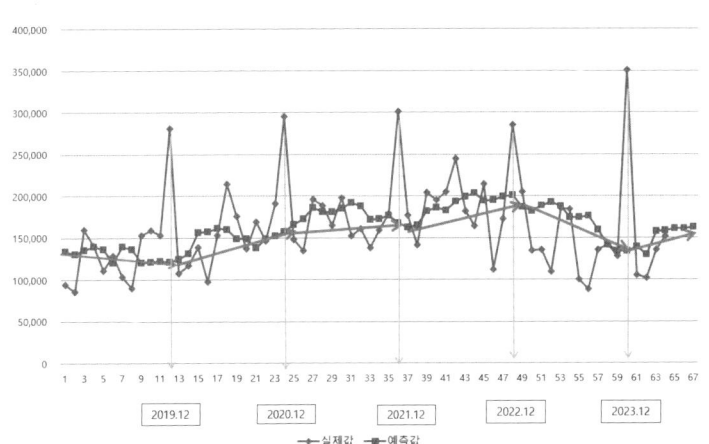

최근 3년간 월별 국내 건설공사 수주 추이

(3) 국내 건설 산업의 문제점

코로나19 상황으로부터 세계 경제 및 국내 GDP 성장률의 회복세와 더불어 건설 산업 또한 차츰 회복세를 보임에도 불구하고 노동력 부족, 낮은 생산성 및 효율성과 같은 또 다른 문제에 직면하였다.

통계청의 '장래인구(기본) 추계' 연구에 따르면(<표 3> 참고), 인구성장률은 지속적으로 감소하고 있으며, 65세 이상 인구의 증가와 만 15세~65세 인구의 지속적으로 감소하고 있다(통계청, 2023).

이는 인구의 고령화와 함께 건설 산업에서 생산 가능 인구 감소 시대의 도입을 의미하며 생산성 및 효율성은 시간이 지남에 따라 지속적으로 낮아질 것으로 예상된다.

<표 3> 장래인구(기본) 추계

(단위:천 명,%)

구분		2010	2020	2030	2040	2050	2060	2065
총인구		49,554	51,973	52,941	52,197	49,432	45,245	43,024
인구성장률*		0.50	0.31	0.07	-0.32	-0.72	-0.97	-1.03
구성비	0~14세	16.1	12.6	11.5	10.8	9.5	9.4	9.6
	15~64세	73.1	71.7	64.0	56.4	52.4	49.6	47.9
	65세이상	10.8	15.6	24.5	32.8	38.1	41.0	42.5

3. 건설 산업 인공지능(AI) 기술

(1) 인공지능(AI) 기술 정의 및 키워드 선정

전 산업 분야에서는 4차 산업혁명에 발맞춰 인공지능(AI), 사물인터넷(IoT), 빅데이터(Big Data) 등과 연계한 신기술들을 본격적으로 도입하고 있으며 건설 산업에서도 이러한 첨단 기술을 도입하여 건설 과정을 자동화 및 디지털화하여 생산성, 효율성, 안전성 등을 향상시키기 위하여 노력하고 있다.

전 세계 주요 학자 및 연구기관은 연구 및 보고서를 통하여 건설 산업 주요 첨단 신기술 키워드를 다음의 〈표 4〉와 같이 제시하였다. 본 연구에서는 인공지능(AI) 및 정보통신기술(ICT)을 활용한 첨단 신기술을 이하 '인공지능(AI) 기술'로 정의하고 관련 기술의 중요도 및 미래 활용성을 고려하여 주요 건설 산업 주요 인공지능(AI) 기술로 선정하였다.

<표 4> 건설 산업 주요 인공지능(AI) 기술

건설 산업 주요 기술(키워드)	WEF	국토교통과학 기술진흥원	한국건설 산업연구원	본 연구
인공지능	O	O	O	O
빅데이터	O	O	O	O
IOT	O	O		O
BIM	O	O	O	O

(2) 건설 산업 주요 인공지능(AI) 기술

1) 인공지능(AI)

건설 산업에서 인공지능(AI)의 활용은 설계, 시공, 유지 관리 등 생애 주기별 건설 과정에 다양하게 적용되어 효율성, 생산성, 안정성 등 고부가가치의 결과를 가져올 것으로 기대된다.

Pre-Fabrication	O	O		O
Wearable-Device	O			O
드론	O	O	O	O
3D 프린팅	O		O	O
AR	O	O	O	O
VR	O	O	O	O
지능형 건설장비		O	O	O
디지털 트윈		O		O
디지털 맵		O		O
MR	O			
센서	O			
모듈러			O	
3D 스캐닝				
로보틱스		O	O	
모바일 어플리케이션		O		
시뮬레이션				

세계 건설시장에서 인공지능(AI) 시장은 2017~2023년 예측 기간 동안 35%의 연평균 성장률을 전망하였으며, 2023년 약 20억 1,130만 달러(약 2조 3,300억 원)까지 성장할 것으로 예측하였다. 건설 산업에서 인공지능(AI)은 빅데이터의 처리와 인공지능 솔루션제공, 플랫폼을 통하여 비용 절감 및 생산성 향상을 이끌어 낼 것이며, AI 설계, 시공 및 품질 관리, 유지 관리 측면에서 다양한 목적으로 활용될 것으로 예상되

며 기술 연구 및 활용에 적극적인 투자가 필요할 것이다.

2) 빅데이터

건설 산업의 역사가 깊은 만큼 타 산업과 비교하여 월등하게 방대한 데이터와 경험들이 축적되어 있다. 하지만 데이터양이 많은 것과 활용할 수 있는 데이터가 많은 것은 확연하게 차이가 있다. 건설 산업 특성상 데이터와 경험이 비정형화된 자료 형태로 구성되어 있으며, 전산화되지 않고 아날로그 형태로 남아있는 자료들이 많은 실정이다.

빅데이터를 활용하기 위해서는 먼저 비정형화되어 있는 자료를 디지털 전환하는 작업을 통하여 데이터의 질적 가치를 높이는 것이 필요할 것이다.

3) 사물인터넷(IoT)

건설 산업에서 사물인터넷(Internet of Things, IoT)은 '스마트 건설'(건설기술진흥기본계획 〈SMART Constructuin 2025〉)을 실현하기 위한 가장 기초적인 기반 기술이다. 단순히 기기들 간의 연결로 끝나는 것이 아니라, 건설 시공의 원격화와 자동화를 실현하기 위한 첨단 신기술들의 기본 발판이라 할 수 있다. 세계적 컨설팅 회사인 맥킨지는 'IoT가 건설업·광업에 미칠 수 있는 잠재적 영향 평가'를 통하여 회사의 소유주는 IoT 기술을 채택함으로써 1,600억 달러(약 168조 원) 이상의 비용을 절약할 수 있다고 이야기하였다(2020년, 한국건설기술연구원).

4) BIM

지형공간정보체계 용어사전에 따르면, BIM(Building Information Model)은 "3차원 정보 모델을 기반으로 시설물의 생애 주기에 걸쳐 발생하는 모든 정보를 통합하여 활용이 가능하도록 시설물의 형상, 속성 등을 정보로 표현한 디지털 모형"으로 정의되어 있다. BIM 기술을 통해 설계, 시공, 유지 관리 등의 각 단계에서 발생하는 모든 정보를 3차원 모델 기반으로 통합 관리하여 설계 품질 및 생산성 향상, 시공 오차의 최소화, 체계적 유지 관리 등이 이루어질 것으로 기대된다.

5) 프리패브

프리패브는 프리패브리케이션(Pre-Fabrication)의 약자로, 대한건축학회(건축용어사전)에 따르면, "건축 부재를 미리 공장에서 생산하여 현장에서 조립하여 건설하는 것"으로 정의되어 있다. 프리패브를 통하여 현장 작업을 최소화하여 공기 단축과 안정성이라는 부가가치를 창출할 수 있을 것이며, 적은 현장 인원으로 시공이 가능하므로 비용 절감 또한 가져다줄 것으로 예상된다.

6) 웨어러블 디바이스

건설 산업에서 스마트 웨어러블 기술(Smart Wearable Technologies)은 건설 작업자의 생산성 향상과 안전한 작업 환경 구현을 위하여 큰 가능성을 보여준다. 건설 산업에서는 현장 중심 및 노동집약적이라는 특성으로 사고에 대한 위한 위험이 비교적 높은 수준이다. 웨어러블 디바이스를 건설 산업에 적용함으로써 작업자들의 안전 관련 위험을 실시간으로 파악할 수 있을 것이며, 상황에 맞게 시의적절한 조치를 취함으로써 보다 안전한 건설 현장을 구현할 수 있을 것으로 예상된다.

7) 드론

드론은 운용 목적과 형태에 따라 다양하게 분류될 수 있으며, 그 활용이 무궁무진하다. 건설 산업에서 또한 전 생애 주기별 단계에서 활용도가 높을 것으로 예측된다. 설계 단계에서는 측량 및 현장조사에 활용되고 있고, 시공 단계에서는 현장 관리 및 위험 관리에 활용되고 있다. 유지 관리 단계에서는 시설물의 노후화 및 상태를 모니터링하고 적시에 진단 및 조치하여 기능 유지 및 수명 연장을 위하여 활용되고 있다. 아직 법적 규제로 인하여 제한적인 부분이 많으나, 기술의 발전과 함께 제도적 개선이 뒷받침된다면 건설 산업에서의 활용도는 더욱 높아질 것으로 예상된다.

8) 3D 프린팅

건설 산업에서 3D 프린팅 기술은 건축물의 3D 모델링, 건축용 자재 출력뿐만 아니라 건축물 전체를 건설하는 수준으로 발전하고 있다. 3D 프린팅 건설은 자동화 시공을 통하여 인건비를 낮출 수 있으며, 맞춤형 설계와 곡선면 시공이 가능한 3D 프린팅의 장점을 통하여 독창적인 건축물을 건설할 수 있을 것이다.

9) AR(증강현실)과 VR(가상현실)

AR(증강현실)은 Augmented Reality의 약어로, 실세계에 3차원의 가상 물체를 겹쳐서 보여주는 기술을 활용하여 현실과 가상 환경을 융합하는 기술로 정의한다.

VR(가상현실)은 Vitual Reality의 약어로, 어떤 특정한 환경이나 조건을 컴퓨터로 만들어서, 그것을 사용하는 주체가 마치 실제 주변 환경 및 조건과 상호작용하고 있는 것처럼 만들어 주는 인간과 컴퓨터 사이의 인터페이스를 의미한다. 건설 산업에서 AR 및 VR 기술은 생애 주기별 건설 과정에 다양하게 접목될 수 있으며, 설계 과정에서는 가상의 환경에 모델링을 통하여 발주자와 설계자 간의 원활한 소통을 이끌어 낼 수 있으며, 시공 과정에서는 가상 시공 및 적정성 검토를 통하여 가장 효율적인 시공 방법을 선정함으로써 공사비 절감 및 공기 단축 효과를 얻을 수 있다.

10) 디지털 트윈

디지털 트윈(Digital Twin)은 미국 제너럴 일렉트릭(GE)이 주창한 개념으로, 가상의 현실에 현실과 똑같은 환경을 조성하고, 현실에서 발생할 수 있는 상황을 컴퓨터로 시뮬레이션함으로써 결과를 예측하는 기술이다. 건설 산업에서 디지털 트윈을 활용하여 가상의 현실에 설계하고 시공해 봄으로써 건설 현장에서 발생할 수 있는 시행착오를 줄일 수 있을 것이며, 이를 통하여 원가 절감 및 생산성, 효율성 향상을 기대할 수 있을 것이다. 건설 기술자들은 디지털 트윈을 실현하기 위하여 양질의 데이터를 구축하고 제공하는 것을 가장 필요로 할 것이다.

(3) 건설 관련 인공지능(AI) 도입 현황

1) 기술 키워드 및 생애 주기별 연구 현황

건설 산업 주요 인공지능(AI) 기술에 대한 연구 현황 분석 결과를 보면, 〈표 5〉와 같이 전체 13개의 기술에 대하여 333건의 연구가 진행되었다. BIM 기술이 223건으로 가장 많이 연구되었으며, 드론이 29건, AR이 17건, 빅데이터 및 인공지능이 각 21건, 3D 프린팅이 6건, VR이 5건, IoT 4건, 프리패브, 디지털 트윈 기술이 각 3건, 웨어러블이 1건, 지능형 건설장비와 디지털 맵이 각 0건 순으로 나타났다.

<표 5> 건설 산업 인공지능(AI) 기술 연구 현황

생애 주기 키워드	설계	시공	유지관리	기술자체12)	합계
IOT	0	0	0	4	4
빅데이터	2	2	12	5	21
인공지능	4	5	12	0	21
Pre-Fabrication	0	0	0	3	3
Wearable-Device	0	1	0	0	1
드론	3	3	10	13	29
3D 프린팅	0	0	0	6	6
AR	1	7	5	4	17
VR	0	1	1	3	5
BIM	53	27	14	129	223
지능형 건설장비	0	0	0	0	0
디지털 트윈	0	0	1	2	3
디지털 맵	0	0	0	0	0
합계	63	46	55	169	333

건설 산업 인공지능(AI) 기술 키워드별 연구 현황

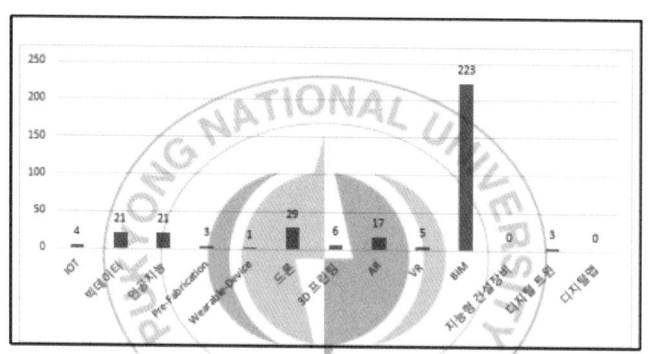

건설 산업 주요 인공지능(AI) 기술 13개를 대상으로 한 연구를 설계, 시공, 유지 관리의 생애 주기별 건설 과정으로 분류하면 설계 단계 63건, 시공 단계 46건, 유지 관리 55건으로 나타났으며, 기술 자체의 활용 방안 및 개선 방법 등 건설 과정으로 분류하기 어려운 연구가 169건으로 나타났다.

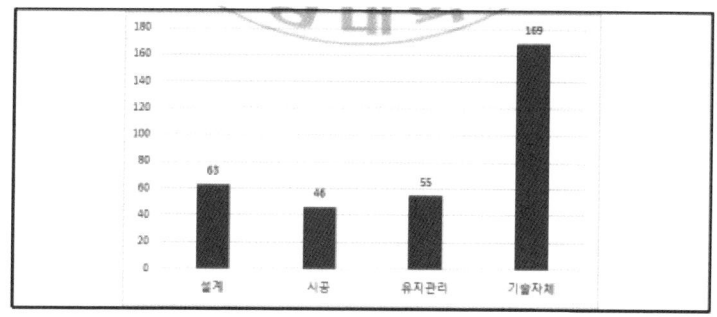

건설 산업 인공지능(AI)기술 생애 주기별 연구 현황

2) 건설 산업 인공지능(AI) 기술 도입 현황

'국내 건설기업의 스마트 건설 기술 활용 현황'은 한국건설산업연구원(2023년)의 자료에서 확인할 수 있으며, 조사 결과 건설기업에서 활용 수준이 높은 순으로 드론, BIM, 모듈러, 빅데이터 및 인공지능, 3D 프린팅, AR 및 VR, 지능형 건설장비 및 로봇 순으로 나타났다. 앞서 분석한 건설 산업 인공지능(AI) 기술 연구는 연구 현황이 높은 순으로 BIM, 빅데이터 및 인공지능, 드론, AR 및 VR, 3D 프린팅, 모듈러, 지능형 건설장비 및 로봇 순으로 나타났다. 건설 산업에서 인공지능(AI) 기술의 활용과 연구 현황을 비교하여 〈표 6〉과 같이 정리하였으며, 이를 통하여 건설 산업에서 인공지능(AI) 기술 도입 현황을 확인하였다.

<표 6> 건설 산업 인공지능(AI) 기술 도입 현황

(단위: %)

구분	BIM	BD, AI	드론	모듈러 13)	AR, VR	3D 프린팅	지능형 건설장비 및 로봇
활용 현황	15.4	11.4	19.9	14.9	7.4	8	5.5
연구 현황	68.4	12.9	8.9	0.9	6.7	1.8	0.3

4. 건설 산업에 적용되고 있는 인공지능(AI) 기술 사례

2023년 국토교통부의 '스마트 건설기술 로드맵' 발표에 따라 국내 건설업계에서도 AI를 활용하여 스마트건설을 꾀하는 기술 개발이 이어지고 있다.

국가 R&D 사업으로 국토교통과학기술진흥원은 스마트건설사업단을 발주하여 건설장비 자동화 및 관제 기술, 도로구조물 스마트건설 기술, 스마트 안전 통합관제 기술, 스마트건설 디지털 플랫폼 등을 개발 중이다.

주요 건설사도 스마트건설을 주도하는 전문조직을 구성하여 기술 개발에 집중하고 있으며, 예를 들어, 국토안전관리원은 건설·시설물 안전 관리 빅데이터 플랫폼을 구축 중이며, 서울시는 SOC 디지털화 및 지능적 유지 관리를 위한 기반시설 통합 관리 시스템을, 한국수자원공사는 댐 인프라 안전관리센터를 구축하고 있다.

디지털화의 핵심은 모든 데이터와 자료를 전산화하는 것이기 때문에 이것이 실현될 경우 AI를 더 쉽게 활용할 수 있는 인프라가 될 것이다.

그 외에도 AI 기반 스마트하우징 플랫폼 및 주거 서비스 기술을 한국건설기술연구원이 주관하여 2020년부터 개발하기 시작했고, 지능형 시설물 운영 및 유지 관리를 위한 토탈케어사업단, 설계 자동화를 위한 AI설계연구단 등이 비슷한 목적을 가지고 기획되고 있다. 실제로 AI를 이용하여 현장에 적용하고 있는 사례를 다음과 같이 소개하고자 한다.

(1) 미래 건설현장 로봇 상호 간에 협업(삼성엔지니어링)

미래의 건설현장은 다양한 형태의 건설로봇이 협업해 일하게 될 것으로 예상된다. 굴착기, 불도저 형태의 로봇이 기초작업을 맡고 3D 프린터 건설로봇이 건물의 뼈대와 벽체를 올리면 산업용 로봇팔이 배관, 내장재 등을 척척 조립해 나가면서 건설 과정 대부분을 자동화할 수 있다.

이런 장점 때문에 대규모 건설사는 사실 대부분 건설로봇 관련 기술 확보에 잰걸음을 하고 있다. 삼성엔지니어링은 2021년 초 3D 프린팅 로봇 개발에 성공하여 시험용 건축물 제작을 통한 프린팅 로봇의 출력 성능 테스트까지 마쳤으며, 삼성물산은 건설로봇 스타트업인 로보콘에 150억 원을 투자해 최대주주에 올랐다. 로보콘이 보유한 철근 자동화 가공 로봇을 건설현장에 도입하면 시너지가 클 것이란 판단에서 삼성벤처투자가 결성하는 건설로봇 관련 'SVIC 66호 신기술사업투자조합'에 495억 원의 현금 출자를 가결하여 개발에 박차를 가하고 있다. 얼라이드 마켓 리서치의 2020년 보고서에 따르면, 건축용 3D 프린팅 산업은 꾸준한 성장세를 이어가 2022년부터 2027년까지 연평균 성장률이 100%에 이를 것으로 보인다. 2027년 시장 규모는 총 400억 달러(약 52조2400억 원)로 성장할 것으로 예측된다.

현실에서 로봇 한 대가 모든 건설을 뚝딱 해치우긴 무리가 있을 수 있으나, 미래의 건설현장을 로봇이 맡게 될 것은 이미 주지의 사실이며 며칠이면 집 한 채가 뚝딱 완성되는 세상은 이미 우리 눈앞으로 다가와 있는 셈이다.

(2) AI 로봇 건설현장, 집 한 채 1주일 만에(현대건설)

20세기 말에 등장하여 현재까지도 대중의 큰 인기를 얻고 있는 컴퓨터 게임 '스타크래프트'는 다양한 기지를 건설하고 이곳에서 다시 전투 유닛을 생산해 적과 싸우는 게임이다. 이 게임에 'SCV'라는 이름의 '건설로봇'이 등장하는데 명령만 내리면 어디서나 혼자서 병영, 연구소, 공장 등을 뚝딱 지어낸다.

비록 게임 속 설정이지만 '미래가 되면 로봇이 건설을 담당할 것'이라는 설정이 인상적으로 느껴질 때가 있다. 현대건설이 개발한 '다관절 산업용 로봇'도 건설용 로봇으로 주목받고 있다. 현대엔지니어링은 'AI 미장로봇'을 개발한 바 있는데, 3D 스캐너와 4개의 미장날이 장착된 2개의 모터를 회전시켜 콘크리트 바닥 면을 다듬는다.

기존 건설로봇의 틀을 깬 첨단로봇도 최근 속속 도입되고 있다. 최근엔 미국의 보스턴 다이내믹스 사가 개발한 네 발 로봇 '스팟(SPOT)'이 건설현장에서 인기가 상승하고 있으며, 위험할 수 있는 건설현장 내 점검을 AI가 맡아서 하고 있다. 최근엔 3D 프린팅 기술이 대세로 목재와 철근, 콘크리트 등의 자재를 쌓아두고 가져다 조립하는 모든 작업을 로봇이 알아서 처리하긴 쉽지 않다. 따라서 다양한 재료를 현장에서 즉시 쌓아 올릴 수 있는 3D 프린팅 방식이 주목받고 있다.

(3) 벽돌 쌓는 AI 인공지능(네덜란드 모뉴멘탈)

네덜란드에서 로봇 공학 스타트업 모뉴멘탈은 인공지능(AI)과 자율주행 기술, 하드웨어를 결합해 건설로봇을 개발했다. 이 로봇은 작고 민첩한 전기 무인운반로봇(AGV)으로 고성능 센서, 컴퓨터 비전, 소형 크레인이 장착되어 있다. 건설현장의 거친 지형에서도 자유롭게 이동하며 좁은 구석이나 출입구 등 사람이 갈 수 있는 곳이면 어디든 갈 수 있도록 모뉴멘탈이 개발한 AI 기반 소프트웨어 아트리움(Atrium)에 의해 작동된다.

네덜란드 스타트업 모뉴멘탈이 개발한 벽돌 쌓기 로봇

(출처: 모뉴멘탈 제공)

초기 개발된 로봇은 벽돌쌓기 작업에 특화하여 제작되어 무인운반로봇이 무거운 벽돌을 나르고 한 로봇이 모르타르(시멘트, 모래, 물을 섞어서 벽돌이나 타일 등을 결합할 때 사용하는 재료)를 바르면 다른 로봇이 벽돌을 가져다 쌓는다.

인간 벽돌공과 유사한 수준의 정확성, 정밀성, 효율성을 보여준다고 회사는 설명하고 있지만 정교한 측면에서는 더욱 발전적으로 개발이 필요할 것이다.

모뉴멘탈은 이 로봇이 노동력 부족과 인건비 상승에 직면한 건설 업계의 다양한 도전 과제를 해결하는 데 도움을 줄 것으로 기대하고 있으며, 유럽 전역에서 절반 이상 국가가 심각한 벽돌공 부족에 직면해 있다.

모뉴멘탈 개발 무인운반로봇(AGV) 건설현장에서 벽돌을 나르는 모습

(출처: 모뉴멘탈 제공)

영국에서만 주택 수요를 충족하기 위해 매년 필요한 30만 채의 주택을 짓는데 약 7만5천 명의 벽돌공이 부족한 것으로 추산되며 최근 연구에 따르면 건설로봇은 생산성을 50~60% 증가시킬 수 있다고 한다.

카파지 모뉴멘탈 공동창업자 겸 최고경영자(CEO)는 "건설 산업은 세계에서 가장 크고 중요한 산업 중 하나이지만 글로벌 노동력 부족과 공급망 비용 상승으로 어려움을 겪고 있다"면서 "업계가 이러한 과제를 해결할 수 있도록 돕기 위해 노력하고 있다"고 말했다.

(4) 드론 띄워 현장 보고, 로봇 보내 '뚝딱' 집짓기(MIS)

2020년 2월, 후베이성 우한시에 병원 두 곳이 문을 열었다. 하나는 훠선산 병원으로 그해 1월 23일 공사를 시작해 11일 만인 2월 2일에 완공되었으며, 다른 하나인 레이선산(雷神山) 병원은 1월 26일 착공해 2월 6일 완공까지 12일밖에 걸리지 않았다. 합쳐서 병상 수가 2,600개에 이르는 병원 두 개가 '뚝딱' 지어진 것을 보고 세계는 놀라움을 표했다.

이토록 빠른 완공 배경에는 건설 부문 엔지니어링 소프트웨어 BIM(빌딩정보모델링)이 있었는데, 당시 중국이 BIM을 통해 병원 건물 전체를 디자인하는 데 걸린 시간은 단 하루로 알려졌으며, 이후 구조 설계도를 제작하는 데도 60시간밖에 걸리지 않았다고 한다.

BIM이란 3D 모델을 기반으로 건설 프로젝트의 기획, 설계, 시공, 유지 관리 등 생애 주기 동안 발생하는 정보를 통합 관리하는 기술 및 프로세스를 말한다.

BIM을 사용하면 건물을 짓기 전 컴퓨터를 통해 미리 지어보는 효과도 얻을 수 있다. 그 덕에 공사 과정에서 나타날 수 있는 공정 간 간섭을 사전에 통제하고, 공사 일정에 맞춰 각종 자재가 원활하게 공급되는지 등을 시뮬레이션하는 것이 가능하다.

중국 사례에서 보듯 건설 분야의 '디지털 트랜스포메이션'은 생산성 향상, 부가가치 증대 등을 이끌어 기업 실적에 긍정적인 영향을 미칠 수 있다. 이러한 이유로 최근 건설업계에서는 디지털 기술 도입이 '선택'을 넘어 '필수'로 여겨진다.

(5) 산업재해 줄이는 친환경 건축 디지털 솔루션(스웨덴, 독일)

스웨덴에 기반을 둔 스타트업 '빌드세이프(BuildSafe)'는 건설현장 리스크 관리 플랫폼을 만들었다. 공사 도중 작업자들이 맞닥뜨릴 수 있는 안전상 위험을 사전에 검토해 대응할 수 있도록 하는 디지털 솔루션이다. 고용노동부가 집계한 〈2023년 산업재해 현황〉에 따르면, 건설 분야 사고로 인한 국내 사망자 수는 최근 10년간 매년 400~500명에 이른다. 공사 시작에 앞서 미리 위험을 파악할 수 있다면 이런 사고 발생을 줄일 수 있을 것으로 보인다.

또 건설 프로젝트 관계자로부터 수집한 다양한 데이터를 바탕으로 안전사고 발생 위치를 예상해 사고를 미연에 방지하기도 한다. 건설산업 종사자는 이 플랫폼을 통해 현장의 안전 위험을 즉각 보고하고, 후속 조치 진행 과정도 공유할 수 있다.

독일 '컨쿨라(Concular)'는 친환경 건축에 도움이 되는 플랫폼을 개발했다. 이 시스템을 사용하면 특정 건설 프로젝트에 들어가는 자재가 얼

마나 환경친화적인지 파악할 수 있으며 또 자재별 수명 주기를 파악해 좀 더 효율적인 제품을 선택, 사용하는 것도 가능하다.

(6) 단독주택 짓는 '도깨비방망이' AI 로봇(호주)

호주의 'FBR(Fastbrick Robotics)'에서 개발한 '하이드리안X(HadrianX)'는 '벽돌 쌓는 로봇'으로 불린다. 외관을 보면 트럭처럼 생긴 몸에 팔이 달려있다. 이 로봇은 차체에 벽돌을 싣고 건설현장으로 이동한 뒤 팔을 이용해 적당한 위치에 벽돌을 쌓을 수 있다.

(위) 호주 FBR가 개발한 벽돌 쌓는 로봇 '하이드리안X'가 혼자 집을 짓는 모습(FBR 제공)
(아래) 멕시코 휴양지 칸쿤 일대를 측량하는 데 활용된 드론 '윙트라원'. (WingtraOne 제공)

제어 시스템, 벽돌 전달 시스템, 동적 안정화 시스템 같은 복잡한 구성 요소로 이뤄져 있어 초당 수백 회 자체 보정을 통해 벽돌을 정확한 위치에 놓는데 인간에 비유하면 숙련공이라 할 수 있다. 2020년 하이드리안X는 방 3개와 욕실 2개를 갖춘 단독주택을 혼자 짓는 데 성공하였으며, 집을 다 짓기까지 걸린 시간은 3일에 불과했다.

호주 건축공학 전문가들은 이 집이 건축 기준을 충족할 뿐 아니라 내구성도 훌륭하다고 평가하였으며 이 로봇이 건축현장에서 상용화되면 주택 공급 부족 문제 해소에 도움이 될 것으로 전망하고 있다.

(7) 현장 측량 시간 줄여주는 드론 기술(포스코건설)

멕시코 정부는 자국 휴양지 칸쿤 개발을 촉진하고자 대규모 지적 측량 프로젝트를 추진하며 드론을 적극적으로 활용했다. 드론 전문업체 '윙트라(Wingtra)'에 따르면 드론을 활용한 지적 측량은 매우 빠르고 정확하게 이뤄졌다. 윙트라원이라는 이름의 드론은 비행을 한 번 할 때마다 4㎢ 넓이를 측량했다.

이 방식으로 하루 평균 6회씩 비행한 결과 270㎢ 면적의 도시의 지적 측량을 완료하는 데 19일이 걸렸다. 드론 기반 데이터 분석 및 검측 회사 어젠다 디지털(Agenda Digital)이 해당 데이터를 분석하는 데 걸린 시간은 채 2개월이 안 되었으며 윙트라는 이에 대해 "일반적으로 측량에 소요되는 예상 시간을 최대 70% 줄인 것"이라고 평가했다.

국내 기업도 최근 토지 측량 등의 과정에 디지털 기술을 널리 사용하고 있다. 포스코건설은 클라우드 기반 3D 지도 활용 애플리케이션 'POS-Mapper'를 국내외 건설현장에 적용하고 있다. 그동안 3D 지도는 용량이 커서 PC로 구동하거나 데이터를 전송하는 데 어려움이 있었다.

포스코는 이를 해결하고자 건설용 드론 데이터 플랫폼 기업 카르타와 현장에서 바로 사용할 수 있는 전용 애플리케이션 'POS-Mapper'를 개발했다. 이 앱을 활용하면 현장에서 드론과 3D 스캐너 등을 활용해 촬영한 사진을 클라우드에 올려 사내 연구진 등과 공유할 수 있다.

전문가가 해당 내용을 분석한 결과를 다시 클라우드에 올리면, 즉시 현장에서 관련 내용을 확인할 수도 있다. 이 시스템 덕에 포스코건설은 촬영, 데이터 분석 기간을 기존 4일에서 2일 이내로 단축하였으며 POS-Mapper의 3D 디지털 지도를 이용하면 공사 구간의 거리, 면적, 부피, 높이 등을 산출하고 공정 진행 상태와 변동 사항도 확인할 수 있다고 한다.

(8) 3D, 드론 활용 건설현장(미국, 일본)

영국 BBC는 눈에 띄는 색상의 안전모와 조끼를 입은 작업자 대신 드론과 무인 불도저, 대량으로 구조물을 찍어내는 3차원(3D) 프린터가 자리를 차지하면서 건설현장의 모습이 바뀌고 있다고 보도했다. 미국 벤처기업 스카이캐치는 2014년부터 드론을 하늘에 띄워 빌딩 건설 작업 속도를 확인하고 자재 공급 속도를 끌어올리는 프로젝트를 시작했다. 드론이 실시간 촬영한 정보는 건설 계획 변경에 필요한 중요한 판단 기준으로 활용되고 있다.

여기서 한 걸음 더 나아가 일본 건설중장비 회사 고마쓰는 드론이 촬영한 영상을 무인 불도저에 제공하고 있다. 무인 불도저는 드론이 제공한 건물의 3D 입체 영상을 보고 복잡한 공사장 안에서 안전하게 이동할 경로를 결정한다. 미국 컨스트럭션로보틱스가 개발한 벽돌 쌓기 로봇은 사람보다 10배 빠른 속도로 벽을 세운다. 스위스 취리히연방공대 연구진이 올초 공개한 '패브리케이터1' 로봇은 벽돌 1,600개로 물결 문양이 있는 길이 6m, 높이 2m의 벽을 쌓는 데 성공하기도 했다. 미국 이머징오브젝츠사는 3D 프린터로 물질 안에 여러 개 구멍이 뚫린 다공성 건축용 블록을 개발했다. '쿨브릭'으로 불리는 이 구조물은 스펀지처럼 물을 잡아두는 성질이 있다.

외부의 더운 공기가 통과할 때 열만 빨아들이고 시원한 공기만 내보내 실내 온도를 낮추는 효과를 낸다. 독일의 건축회사인 엘리건트엠블리시먼츠는 3D 프린팅 기술을 이용해 공기 오염 물질만 흡수하는 특수 벽돌을 개발했다.

벽돌 쌓는 로봇 투입(알라바마의 한 대학 건설현장)

(9) 벽돌 쌓는 AI 로봇(알라바마 건설현장)

'AL닷컴'에 따르면, 벽돌 쌓는 로봇 SAM은 미국 알라바마주 오번대학교(Auburn University)의 공연아트센터(Jay and Susie Gogue Performing Arts Center) 건설현장에 등장했다. SAM 100은 '반자동 석공(Semi-Automated Mason)'의 약자로, 알라바마에서 처음 선보이는 제품이다. 컨베이어 벨트와 로봇 팔을 사용해 하루 3,000개 이상의 벽돌을 쌓는다. SAM의 대학 건설현장 투입을 위해 오번대학교와 로보틱스(Robotics) 건설이 협력했다.

뉴욕 빅터에 위치한 컨스트럭션 로보틱스는 SAM이 인간의 일자리를 대체하는 역할이 아니라 인간이 보다 효율적으로 이용하기 위해 만들어졌다고 강조한다.

석공들은 SAM 주변에 위치해 SAM의 로봇 팔이 쌓은 벽돌을 정렬하면서 벽돌과 모르타르를 기계에 다시 채워 넣는 역할을 한다. MIT 테크놀로지리뷰에 따르면, 인간 석공은 하루에 300~500개의 벽돌을 쌓을 수 있는데 이는 SAM의 3분의 1에 해당하는 분량이다.

스미스 미술관 건너편에 위치한 고그 공연아트센터는 2020년 완공되어 사용하고 있다.

(10) 안전 사고위험 예측 AI 모델 시범 도입(현대건설)

국내 ○ 건설현장에서 공사 예정정보를 입력하면 작업 당일 예상되는 재해위험 정보를 AI가 예측 및 정량화하여 위험 체크리스트와 함께 현장 담당자에게 이메일과 문자메시지로 제공하면 현장 담당자는 AI가 예측한 고위험 작업에 대한 집중 관리, 사전 조치를 한다.

AI 시스템은 크게 3가지 프로세스를 기반으로 작동하고 있는데, 첫째, 사고 위험 DB 수집 및 정제 단계에서는 과거 10년간 프로젝트에서 재해에 영향을 미치는 데이터 약 3,900만 건을 수집하고 데이터 전처리 작업을 수행하였다.

둘째, 정제된 DB를 기반으로 과거 재해 발생 및 앗차사고(Near Miss)가 발생했던 상황을 학습하여 '공종별 재해 확률', '사고유형별 재해 확률' '현장별 재해 확률'을 AI 모델에서 제공한다.

AI 재해 예측 개념도

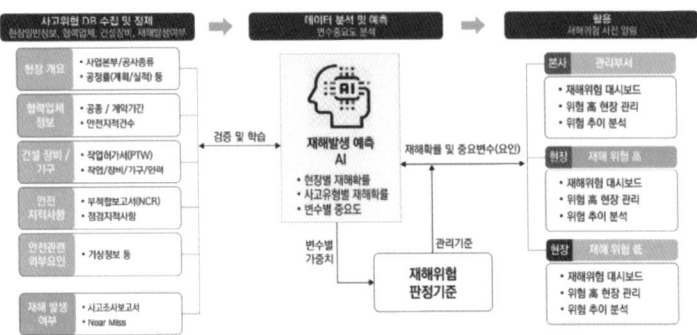

AI 공정 예측 개념도

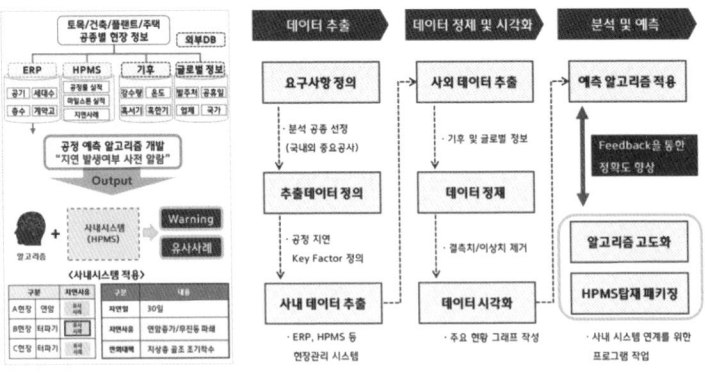

　셋째, 예측 모델에서 예측한 결과를 기존 현장 관리 시스템과 연계하여, 현장 및 본사 담당자에게 재해위험 및 추이 분석 결과를 대시보드 및 문자메시지로 제공한다.

국내 전 현장의 고위험 공종에 대해 사전 Alarm 및 점검사항을 발송 중에 있으며, 현장 담당자는 공종의 재해위험지표를 통해서 재해위험을 확인하고, 재해 유형별(충돌/협착, 전도/붕괴, 낙하비례, 추락 등) 발생 확률을 정량적으로 확인할 수 있다. 또한, 기존에 발생했던 유사재해 사례를 참조하여 대응할 수 있으며 AI 시스템은 지속적으로 재해 발생 DB를 축적하고 학습하여 정확도를 개선하고 있다.

현대건설은 공정 예측 AI 모델이 과거 수행한 공동주택 현장의 공정 데이터를 학습하여 공정 지연을 정량적으로 예측하며, 과거 지연 유사 사례를 제공하여 공정 지연 리스크를 사전에 예방하고 정량적 예측 결과를 제공을 통해서 공사 수행 단계에서는 지연 원인에 대한 선제적 의사결정지원과 입찰 단계에서는 공기 적정성 판단에 도움을 주는 것을 목적으로 개발 중에 있다.

공동주택 하자분석 솔루션

공동주택 부문에 있어서 빅데이터를 이용하여 하자 및 고객 불만족 데이터를 분석하고 하자 원인을 추적한다. 대내적으로는 하자 건수 및 비용을 최소화하고 품질 향상을 위한 품질 하자 발생을 최소화하고, 대외적으로는 고객의 만족도 및 브랜드 가치를 향상하는 것이 목적이다.

(11) 자이(Xi) AI 플랫폼의 탄생

공동주택 단지를 중심으로 지능형 홈네트워크가 도입된 지 10년이 훌쩍 넘어서고 있으며 홈오토메이션, 홈네트워크, 인텔리전트홈, 스마트홈 등 ICT 기술이 진보됨에 따라 명칭의 변화를 거쳐 가며 주거 편의 환경 구축을 목표로 진화해 왔다. '자이 AI 플랫폼'의 도입 배경과 과정은 건설사로서 4차 산업혁명 속에서 능동적으로 대처하고 유연하게 변화하기 위함이 근본적인 이유라고 볼 수 있겠다. 이제 자이 AI 플랫폼을 기반으로 GS건설은 어떠한 서비스와 솔루션을 창출하고 있는지 몇 가지 사례를 소개하고자 한다.

1) 맞춤형 난방·환기 서비스

난방 측면에서는 과거 실내 온도 조절 기록을 바탕으로 거주자가 선호하는 실내온도 스케줄을 예측하여 실시간 난방 자동 제어를 시행하고, 환기 측면으로 실내·외 공기질 정보 및 기존 환기 패턴을 기반으로 최적의 제어 내용을 제안하고 이상 상황이 발생할 경우 거주자에게 알림을 전송하는 서비스이다.

실별 난방 조절 기기의 사용 패턴 및 기상청 등 공공데이터를 자동 수집·적재한 후 선호온도 및 미래온도 예측 모델 등의 머신러닝 학습을 통해 거주자 맞춤형 난방 환경을 제공하는 한편, 전열교환기, 공기청정기 등의 디바이스와 실내·외 공기질 정보를 연계하여 쾌적한 실내 환경을 제공함으로써 거주 만족도 향상에 기여하고 있다.

더불어 난방·환기 시 에너지 세이빙 알고리즘을 추가하여 서비스 전후 시각화 자료를 사용자에게 제공함으로써 만족도가 더해질 수 있는 서비스 방향을 검토 중이다.

이는 2025년부터 공동주택 30세대 이상 의무화 예정인 '제로에너지건축물' 인증에 있어 에너지효율등급 조건 만족에 기여할 수 있도록 HEMS(Home Energy Management System)를 준비 중이다.

맞춤형 난방 서비스 개념도

2) 선호주차구역 알림 서비스

공동주택에 거주자라면 대부분 본인 세대 출입용 공동현관과 가까운

곳에 주차하고 싶은 심리가 존재한다. 이렇게 주차장에 들어서면 먼저 선호하는 주차 공간을 찾고 차순위를 거쳐 결국 빈자리를 찾아 주차하게 되는 일반적 수순과 이로 인해 발생하는 심리적 불편과 시간적 loss를 해소하고자 본 서비스를 기획하게 되었다.

물론 대형마트나 쇼핑몰, 일부 공동주택 단지에서 시각적 알림판을 통해 주차 가능 공간을 안내하고 유도하는 방식을 이미 시행 중에 있다. 자이는 한 발 더 나아가 거주민이 주차장에 입차하는 순간 본인 선호주차공간의 주차 가능 여부를 탐색·판단함과 동시에 현재 시점에서 세대 공동현관에서 가장 가까운 주차 가능 공간을 모바일 앱(자이 입주민 전용 스마트홈 애플리케이션 'GS SPACE')을 통해 음성으로 안내하는 서비스를 구현하여 시행하고 있다. 선호주차구역은 앱을 통한 사용자 지정을 기초로 하지만 차순위 최적 공간을 안내하는 것은 차량 번호, 세대 정보를 바탕으로 인공지능 알고리즘에 따라 서비스할 계획이다.

또한, 방문자로 위장하여 단지 정책상의 복수 차량 보유자 과금을 회피하는, 이른바 블랙리스트를 색출하고, 非 주차 공간의 불법주차로 인해 주차 질서를 교란하는 차량을 경비원의 순찰 없이 적발하는 등 단지 주차정책의 효율성을 높여주는 시스템도 함께 제공할 예정이다.

3) Cyber Security 시스템

AI 기술은 데이터와의 결합이 필수적이며 더욱이 AI 기술을 결합한 주거 편의 서비스라 하면 개인 및 세대 맞춤 형태를 지향하게 되므로 관련 정보에 대한 보안 체계를 구축하는 것 또한 필수적이라 할 수 있다. 특히 공동주택 경우 네트워크 해킹이 발생하면 단지 공용부뿐만 아니라, 개별 세대로까지 손쉽게 접근 가능한 구조이므로 누군가가 허락 없이 내 집의 난방과 조명을 제어하고 현관문을 열어주는 등 일어나서는 안 되는 사생활 위협이 물리적 공간으로의 접근 없이도 가능하다는 것을 경고하고 있다.

과거에는 단지 네트워크를 폐쇄 형태로 구축함으로써 외부로부터의 사이버 위협을 차단하였지만, 스마트홈 시대에 들어서고 초연결 시대를 지향하면서 개방형 네트워크로 전환됨에 따라 '사이버 경계벽', 즉 세대 간 독립된 네트워크를 구축을 의무화해야 한다는 의견이 지배적이다.

GS건설 자이는 세대 네트워크의 논리적 분리 등을 통해 위와 같은 사이버 위협에서 벗어날 수 있는 보안 시스템을 구축하는 데 심혈을 기울였다.

① PKI 기반의 인증 시스템을 적용하여 인가되지 않은 디바이스(단지서버, 월패드, 각종 IoT 기기 등)의 '자이 AI 플랫폼' 접근을 차단하였고, 인증 만료 시점에도 자동으로 갱신하는 솔루션을 확보하였다.

자이 Cyber Security 시스템

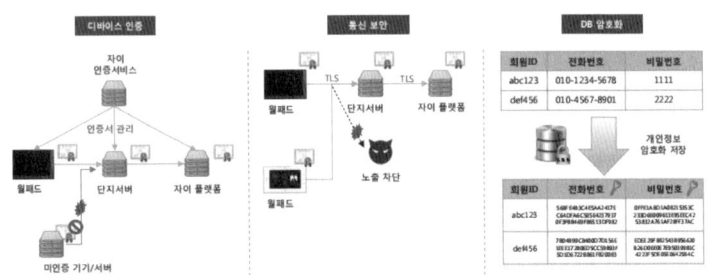

② 모든 전송계층 TLS(Transport Layer Security) 방식으로 End to End 암호화 방식을 적용하였으며, ③ 개인정보나 단지 주요정보 등 DB는 암호화하여 저장함으로써 외부 유출 시에도 복호화가 불가한 시스템을 적용하여 안전성이 수반된 플랫폼 환경을 구축한 것이다.

따라서 인공지능 기반의 맞춤형 서비스가 어떤 형태로 제공된다고 하더라도 개인과 단지는 정보 노출에 대한 우려 없이 마음 놓고 서비스 이용이 가능하다.

4) SCOPE Home

SCOPE Home은 자이가 구축한 주택관리운영 통합솔루션으로, 단위 세대와 단지 공용부로부터 수집된 데이터를 통해 네트워크에 연결된 모든 디바이스의 현재 상태 모니터링이 가능하고, 이상 상황의 감지·분석 및 원인 파악을 통해 원격 점검할 수 있는 기능을 제공한다.

공사 관리 분야에서도 순기능을 제공하고 있으며 준공 전 통신 상태 오류 점검 Report 제공을 통해 입주 전 시공상의 보완 조치를 완료함으로써 시공 품질 향상 및 입주 후 하자 조치 요청 케이스를 현격히 감소시킴과 동시에 고객 만족도를 향상하고 있다.

(12) AI 전담조직 신설, 건설현장 혁신 기대(롯데건설)

롯데건설은 인공지능(AI) 전담조직인 'AGI TFT'를 신설하여 특정 조건에서 문제를 해결하는 인공지능에서 한 단계 발전한 개념으로 다양한 상황에서 폭넓게 적용할 수 있는 '범용 AI'를 발전적으로 하고 있다. 롯데건설 AGI TFT는 30여 명의 팀원으로 구성하고 있으며, 연구개발(R&D) 조직과 사업본부 인력 등 함께 참여해 건설현장에 AI를 접목한 다양한 혁신사업을 추진할 계획이다. 구체적인 추진은 AI 업무 자동화, 스마트 AI 기술 확보, 신사업 AI 서비스 확대 등 세 가지로 나뉜다.

AI 업무 자동화는 건설 현장의 단순 반복 업무를 AI로 대체해 생산성을 높이는 것을 목표로 하며, 스마트 AI 기술 확보는 건설 현장의 안전 관리, 품질 관리, 효율성 향상 등을 위한 AI 기술을 확보하는 것을 의미하고, 롯데건설은 AI TFT를 통해 건설 현장의 안전 관리, 작업 효율성 향상, 비용 절감 등의 효과를 기대하고 있다.

특히, 롯데건설은 건설현장에 특화된 AI 기술 개발을 위해 지난해 12월 AI 기반 지능형 영상분석 솔루션 개발기업인 ㈜비젼인과 '건설 분야 인공지능 기술 개발 업무협약'을 체결한 바 있다. 롯데건설은 ㈜비젼인과 함께 건설현장의 안전사고 예방, 품질 관리 향상, 작업 효율성 개선 등의 AI 기술을 개발할 계획이다.

또한, 한국마이크로소프트가 주관한 코파일럿(Copilot) 워크샵은 마이크로소프트 365 코파일럿을 선제적으로 도입 및 활용하기 위해 롯데건설 임직원들에게 AI 인식 및 활용 역량 향상 교육을 제공하고자 기획하여 실시하고 있다.

(13) 비전 AI로 건설현장 사고 막는다(코오롱베니트)

코오롱베니트 강이구 대표는 안전 모니터링 특화 비전AI 실증 프로젝트에 착수하여 비전AI 기술을 이용, 건설현장의 안전을 감시하고 사고를 막을 수 있도록 하고 있다.

코오롱베니트는 건설현장의 안전 모니터링에 특화된 비전AI 실증 프로젝트에 착수했다고 9일 밝혔다. 코오롱글로벌과 함께 추진하는 이번 프로젝트에서 코오롱베니트는 자체 개발한 차세대 비전AI 기술을 건설현장에 적용해 기술 검증 및 사업성 증명에 나선다.

코오롱베니트는 코오롱글로벌 건설현장에 설치된 CCTV와 통합관제센터에 비전AI를 적용해 객체 감지 속도와 정확성을 한 단계 향상시킬 계획이다.

안전모니터링 비전AI 실증 프로젝트

▲안전모 미착용 단속 ▲미끄러짐 및 넘어짐 확인 ▲발화점 감지를 통한 화재 예방 등 건설 현장에서 중요하게 다뤄지는 안전사고 예방에 활용할 수 있을 것으로 기대된다. 코오롱베니트는 성공적인 프로젝트 수행을 위해 AI 반도체 기업 사피온의 최신 X330를 탑재한 AI 전용 서버를 추가 확보했다. 전사 AI 인프라 통합 공간인 AI 브레인 랩과 R&BD의 AI 전문 인력들을 투입해 기술 개선에 집중하고 있다. 향후에도 AI 인프라에 대한 운영 역량을 확보하는 것과 동시에 비전AI의 사업적 활용 범위를 확대할 예정이다.

5. 건설 AI 로봇 활용의 한계점 및 미래 발전 방향

건설 AI 로봇 공학의 도입은 건설 산업에 각 분야별로 몇 가지 중요한 이점을 제공한다. 첫째, 로봇은 피로나 휴식의 필요 없이 지치지 않고 일할 수 있어 생산성이 향상되고 프로젝트 일정이 단축되는 효과가 있다. 둘째, 로봇 시스템은 높은 수준의 정확성과 효율성으로 작업을 수행할 수 있어 오류와 재작업을 최소화한다.

이것은 건설의 품질을 향상시킬 뿐만 아니라, 재료 낭비와 비용을 줄이며 위험하거나 반복적인 작업을 수행함으로써 로봇은 건설현장의 안전을 강화하고 인간 작업자의 사고 및 부상 위험을 줄일 수 있다. 여러 가지 장점이 있음에도 불구하고, 건설 로보틱스의 광범위한 적용에 어려움이 없는 것은 아니지만 한 가지 중요한 장애물은 로봇 시스템을 구입하고 구현하는 데 드는 초기 비용으로 소규모 건설회사는 감당하기 어려울 수 있다.

건설 AI 로봇이 점점 더 보편화됨에 따라, 로봇 사용에 대한 규제 및 윤리적 고려사항을 해결할 필요가 있다. 규제 기관은 안전 규정과 업계 모범사례를 준수하도록 보장하면서 건설 현장에 AI 로봇을 배치하기 위한 명확한 지침과 표준을 개발해야 한다.

(1) 건설 산업 AI의 한계점

AI 기술의 발전이 혁신을 계속 이끌어 냄에 따라 건설 AI 로봇의 미래는 추측하기 힘들 정도로 가능성으로 가득 차 있음을 알 수 있다.

건설 산업이 4차 산업혁명 시대에도 국가 경제 발전에 기여하기 위해서는 현재 건설 산업 AI의 한계점을 명확하게 직시하고 극복 방안을 찾기 위하여 노력해야 한다.

건설 산업과 더불어 GDP의 상당 부분을 차지하고 있는 제조업은 4차 산업혁명에 빠르게 대응하여 인공지능(AI) 기술을 적극적으로 도입하였으며 자동화, 로봇화 등 산업 패러다임의 변화를 통하여 안전성, 생산성 및 효율성 향상이라는 고부가가치를 창출하고 있다. 이에 반하여 건설 산업은 생산 가능 인구의 감소, 국내 건설기업의 경쟁력 약화 등의 이유로 제조업 등 타 산업과 비교하여 낮은 생산성과 수익성을 나타내고 있다.

또한, 작업자의 고령화 및 숙련 인원의 감소 등의 이유로 타 산업 대비 안전사고율까지 높은 상황이다. 그 원인은 건설 산업이 현장 중심과 노동력에 의존하고 있으며, 시공성과 안정성이 검증된 낡은 기술만 추구하는 전통적인 산업에 머물러 있기 때문이다.

국내 건설 산업은 타 AI 산업과 비교하여 4차 산업혁명에 대한 준비가 부족한 실정이며, 생산성, 효율성을 높일 수 있는 AI 기술에 대한 도입 또한 편협적이고 일부 건설 단계에 국한되어 있음이 확인되고 있다.

(2) 인공지능(AI) 기반 건설 기술의 발전 방안

현재 건설 산업 AI 기술을 구현하는 데 있어서 가장 중요한 것은 많은 양의 데이터로, 이를 어떻게 관리해야 할 것인가가 매우 중요하다. 인공지능 알고리즘을 학습시키고, 예측 정확도를 높이기 위해선 많은 양의 데이터가 필요하기 때문이다.

그러나 일부 건설 산업만이 과거부터 누적된 데이터를 보유하고 있으며, 그 데이터마저 인공지능 적용 목적에 맞게 잘 갖춰진 데이터라는 보장이 없다.

또한, 최근 센싱 기술, 네트워크 기술 등의 발달로 막대한 양의 데이터를 수집할 수 있는 기술적 환경이 갖춰졌음에도 불구하고 비용적 부담 등으로 인해 일부 대기업을 제외하곤 이러한 기술들을 적용하기 어려운 상황이다.

이에 따라 규모가 큰 건설회사일 경우 더 많은 데이터를 축적하여 AI 기술을 원활히 적용할 수 있겠지만, 중소 건설회사는 그럴 수 없어 기업 간 격차가 더욱 커질 수밖에 없다.

이러한 데이터 격차 및 부족을 일부나마 해소하고 AI 적용을 보다 활성화하기 위해 정부에서 공공 프로젝트 데이터를 KISCON과 같은 정부 운영 플랫폼을 통해 공개할 수 있을 것이다. 이에 앞서 어떤 데이터들을 어떤 형태로 수집해야 하며, 같은 데이터 설계가 선행되어야 한다. 가령 시각지능 기술의 학습을 위해 필요한 데이터는 이미지·영상 데이터이며, 건설현장에 존재하는 각종 객체들(작업자, 중장비, 도구, 가설 등), 작업 공종, 작업 행동 등의 분류에 따라 수집할 수 있을 것이다.

또한, 이 데이터 사용자들은 다른 사용자를 위해 시각지능 모델 훈련을 위해 필요한 라벨링된 이미지·영상 데이터를 공유할 수 있다. 이를 통해 오랜 시간이 소요되는 데이터 전처리 작업을 줄이는데 기여할 수 있다.

6. 결론

건설 과정에 AI 로봇 공학의 통합은 전례 없는 수준의 효율성, 정밀성 및 안전을 제공하는 산업의 기념비적인 변화를 나타내고 있으며, 벽돌 쌓기에서부터 현장 검사에 이르기까지 건설 AI는 건물과 인프라가 구상되고 설계되고 건설되는 방식을 재구성하고 있다. 비용 및 인력 적응과 같은 도전 과제가 남아있지만, 잠재적인 이점이 장애물을 훨씬 능가할 것이다.

AI 기술이 계속 발전함에 따라 건설 AI 로봇의 미래는 인간과 기계 사이의 훨씬 더 큰 혁신과 협력을 약속하고 있다. 신중한 계획과 투자로 건설회사는 이 혁신적인 여정의 선두에 설 수 있으며, 더 똑똑하고 안전하며 지속가능한 AI의 새로운 시대를 이끌 수 있을 것이다.

4차 산업혁명과 인공지능(AI)은 더 이상 낯선 단어가 아니다. 각 산업의 경계가 무너졌고, 인공지능을 기반으로 한 첨단 신기술의 도입은 선택이 아닌 필수가 되었다. 이미 여러 산업에서 4차 산업혁명 시대를 준비하기 위해 인공지능, 빅데이터 등 핵심 기술에 대한 많은 연구를 진행했고, 높은 생산성 및 효율성이라는 결과로 나타나고 있다.

건설 산업은 타 산업에 비하여 생산성과 효율성이 낮은 실정이며, 인구 고령화로 인한 생산 가능 인구 감소와 현장 중심 및 노동집약적 특성으로 인한 낮은 생산성 및 효율성이 건설 산업 발전에 가장 큰 위험요소로 작용하고 있다.

인공지능(AI) 기술이 아직까지는 터미네이터처럼 어떤 일이든 해결해 내는 만능 기술은 아니지만, 분명 특정 영역에서는 사람을 보조하여 일을 보다 더 쉽고, 정확하고, 빠르게 수행하는 데 도움을 줄 수 있다.

또한, 인공지능 관련 알고리즘, 컴퓨팅 성능 등이 꾸준하게 발전하여 결국 미래에는 사람의 지적 능력 수준을 뛰어넘고 그 적용 영역도 확대될 것이다.

우리는 건설 산업에서 인공지능(AI)을 어떻게 잘 활용할 수 있을지 고민해야 할 것이며, 어떤 목적으로 사용할 것인지, 관련 데이터는 충분한 양을 확보 가능한지, 어느 수준의 정확성이 요구되는지, 기존 학습된 모델을 활용할 것인지, 어떤 기계학습 방법론을 사용할 것인지, 누구와 협업할 것인지 등을 충분히 고민해야 할 것이다.

4차 산업혁명의 꽃이라고 할 수 있는 인공지능(AI)이 건설 산업에 활발히 적용되면서 건설 산업의 전체적인 질을 향상시키고 건설 산업이 첨단 산업이라는 이미지를 갖는 그 날을 기대할 수 있을 것이다.

[참고문헌]

- 국토교통부, 《스마트건설기술 현장 적용 가이드라인》, 2023.
- 통계청, 《인공지능(AI)산업 실태조사 보고서》, 2023.
- 통계청, 《4차 산업혁명 주요 테마 분석》, 2020.
- 관계부처 합동, 《한국판 뉴딜 종합계획》, 2020.
- 한국건설산업연구원, 《미래 건설산업의 디지털 건설기술 활용전략》, 건설이슈 포커, 2020.
- 공학저널, 《공동주택 하자, AI로 예측한다》, 2021.
- 김태훈, 〈인공지능 기반 건설관리기술의 현재와 미래 발전방안〉 서울과학기술대학교, 2023.
- 강재모, 고현아, 〈스마트 건설기술 활성화를 위한 정책(로드맵)과 기술개발 추진전략 연구〉, 대한토목학회, 2018.
- 지석호, 〈건설산업 AI 정착을 위한 Data Ecosystem 구축의 필요〉, 서울대학교 건설환경공학부, 2023.
- 정광회, 〈건설회사에서 빅데이터 AI기술 활용방안〉, 현대건설 기술연구원, 2023.
- 박하경, 〈건설 산업에서 인공지능(AI) 기술 도입 현황과 발전방향 연구〉, 부경대학교 대학원 공학석사학위 논문, 2022.
- 권영주, 강길모, 박세헌, 〈제4차 산업혁명과 해양과학기술〉, 한국혁신학회지, 2019.
- 김지영, 정일국, 변성오, 〈건설현장 혁신을 위한 스마트 건설기술의 적용 사례〉, 대한 토목학회지, 2019.
- 유성민, 〈4차 산업혁명과 유전자 알고리즘〉, 한국정보기술학회지, 2019.
- 이광표, 최수영, 손태홍, 최석인, 〈국내 건설기업의 스마트 기술 활용과 활성화 방향〉, 한국건설산업연구원, 2020.
- 이광표, 최석인, 〈스마트 건설기술 활성화를 위한 법제화 방향〉, 한국건설관리학회 논문집, 2019.

[저자소개]

최병주 CHOI BYUNG JU

학력

- 성균관대학교 경영학과 졸업(경영학 학사)
- 영남대학교 경영대학원 졸업(인사관리전공, 경영학석사)
- 한국교통대학교 대학원 졸업(건축계획전공, 공학석사)
- 충북대학교 경영대학원 졸업(재무회계전공, 경영학석사)
- 고려대학교 공학대학원 수료(건설경영전공, 수료)
- 꽃동네사회복지대학원 졸업(복지시설전공, 사회복지학석사)
- 충북대학교 대학원 졸업(건축시공전공, 공학박사)

경력

- 우미건설 부장, 기획실장 역임
- 한화건설, 선건축엔지니어링 주택건축담당 이사, 상무 역임
- 두진건설 기술담당 부사장 역임(건설업계 30년 역임후 정년퇴임)
- 단우파트너스 건축사무소 감리단장 역임
- 현) (주)이중층간소음방지연구소 소장, (주)이중종합건설 사장
- 서원대학교 건축학과 강사(건축시공학, 건축재료학)

- 호서대학교 건축공학과 강사(건축시공학, 건축재료학, 건설경영학)
- 충북대학교 건축공학과 겸임교수(건축시공학, 건축재료학, 건축재료와 구법, 건설경영학, 건축법규, 건축구조시스템)(충북대학교 15년 역임후 정년퇴임)

자격
- 특급건축기술자
- 공공기관 전문면접관 1급
- 사회복지사 2급
- ESG전문가
- 방화소방관리자

저서
- 《건축재료학》, 충북대학교 출판부, 2008.
- 《건축시공학》, 충북대학교 출판부, 2009.
- 《주택산업과 경영》, 충북대학교 출판부, 2015.
- 《신중년 적합 교육 및 일자리 연구》, 브레인플랫폼, 2024.

수상
- 대한민국 청소년대상, 경영대상, 2007.
- 일본 소카대학교, 공로영예상, 2008.

메가트렌드
ESG·DX·AI 연구

초판 1쇄 발행 2024년 08월 23일

지은이 김영기, 이현구, 김현희, 정기섭, 이중환, 김상욱,
　　　　 이한규, 손종미, 진익성, 김주성, 최병주
펴낸이 김영기

제작 도서출판 렛츠북

펴낸곳 브레인플랫폼(주)
주소 서울특별시 서초구 법원로3길 19, 2층 (서초동)
등록 2019년 01월 15일 제2019-000020호
이메일 iprcom@naver.com

ISBN 979-11-91436-36-5　13320

＊이 책은 저작권법에 따라 보호를 받는 저작물이므로 무단전재 및 복제를 금지하며,
　이 책 내용의 전부 및 일부를 이용하려면 반드시 저작권자와 브레인플랫폼(주)의
　서면동의를 받아야 합니다.

＊잘못된 책은 구입하신 서점에서 바꾸어 드립니다.